# Nussknacker

## Unser Rechenbuch

### Sachsen

Ausgabe C

1. Schuljahr

von
Paul Leininger
Günter Ernst
Anneliese Kistella
Hartmut Wallrabenstein

Ausgabe Sachsen bearbeitet von
Hans-Günter Friedemann
Waltraud Herbst
Frank Lippmann
Ursula Sandner
Siegrid Tarapatzki

Grafische Gestaltung:
Eva Schliemann

Ernst Klett Grundschulverlag
Leipzig  Stuttgart  Düsseldorf

# Inhalt

## Grundlegende Erfahrungen

- 4 Auf dem Schulweg
- 5 Zählen und vergleichen
- 6 Bauen, zählen, malen
- 7 Zählen und ordnen
- 8 Legen, zählen, malen

## Die Zahlen 1 bis 6

- 10 Die Zahlen 1, 2 und 3
- 12 Die Zahlen 4, 5 und 6
- 13 Die Zahlen 1 bis 6
- 15 Zählen und erzählen
- 16 Zahlen zerlegen

## Die Zahlen bis 10

- 18 Viele Zahlen
- 19 Spiele und Reime
- 20 Die Zahl 7
- 21 Die Zahl 8
- 22 Rechengeschichten
- 23 Zahlen bis 8
- 24 Die Zahl 9
- 25 Die Zahl Null
- 26 Die Zahl 10
- 27 Rechengeschichten
- 28 Ordnungszahlen
- 29 Vorgänger – Nachfolger – Nachbarn

## Rechnen im Zahlenraum bis 10

- 30 Plus: Es werden mehr
- 31 Plusaufgaben
- 34 Aufgabe und Tauschaufgabe
- 36 Minus: Es werden weniger
- 37 Minusaufgaben
- 40 Umkehraufgaben
- 42 Verwandte Aufgaben mit minus
- 43 Ein Bild – vier Aufgaben
- 44 Vor und zurück an der Zahlenreihe
- 45 Rechnen am Zahlenstrahl
- 46 Plus und minus – Ergänzen
- 47 Wiederholung
- 48 Geld
- 49 Rechnen mit Geld

## Geometrische Grundformen

- 50 Formen
- 51 Kreise, Dreiecke, Vierecke
- 52 Figuren aus Stäbchen
- 53 Würfel, Kugel
- 54 Falten, schneiden und gestalten
- 55 Figuren auslegen

# Inhalt

**Die Zahlen bis 20**

- 56 Würfelspiel
- 57 Zahlen bis 20
- 58 Zehner und Einer
- 59 Neue Zahlen bilden und zerlegen
- 60 Ordnungszahlen
- 61 Vorgänger – Nachfolger – Nachbarn
- 62 Größer als – kleiner als – gleich
- 63 Zahlen vergleichen
- 64 Halbieren und verdoppeln

**Rechnen im Zahlenraum bis 20**

- 66 Plusaufgaben
- 67 Minusaufgaben
- 68 Rechenbefehle
- 70 Treppen
- 71 Treppen und Tabellen
- 72 Rechnen mit drei Zahlen
- 73 Rechnen bis 20
- 74 Zehnerübergang mit plus
- 76 Zehnerübergang mit minus
- 78 Umkehraufgaben
- 80 Tauschaufgaben
- 81 Rechengeschichten
- 82 Wiederholung
- 83 Knacknüsse

**Geometrische Grunderfahrungen**

- 84 Spielen mit Linien und Farben
- 85 Linien und Punkte
- 86 Längen messen – Zentimeter
- 87 Strecken zeichnen – Längen messen
- 88 Bildergeschichten
- 89 Räumliche Beziehungen

**Rechnen im Zahlenraum bis 20**

- 90 Rechnen mit Geld
- 92 Nachbaraufgaben mit plus
- 93 Nachbaraufgaben mit minus
- 94 Verwandte Aufgaben mit minus
- 95 Ein Bild – vier Aufgaben
- 96 Wiederholung
- 97 Knacknüsse
- 98 Rechnen bis 20 – Ergänzen
- 99 Rechnen bis 20
- 100 Rechnen mit drei Zahlen
- 101 Größer als – kleiner als – gleich
- 102 Flohmarkt

**Zahlen bis 100**

- 104 Zehnerzahlen bis 100
- 105 Rechnen mit Zehnerzahlen
- 106 Zehner und Einer
- 109 Zahlen bis 100
- 110 Wiederholung
- 111 Knacknüsse
- 112 Hunderterspiel

# Auf dem Schulweg

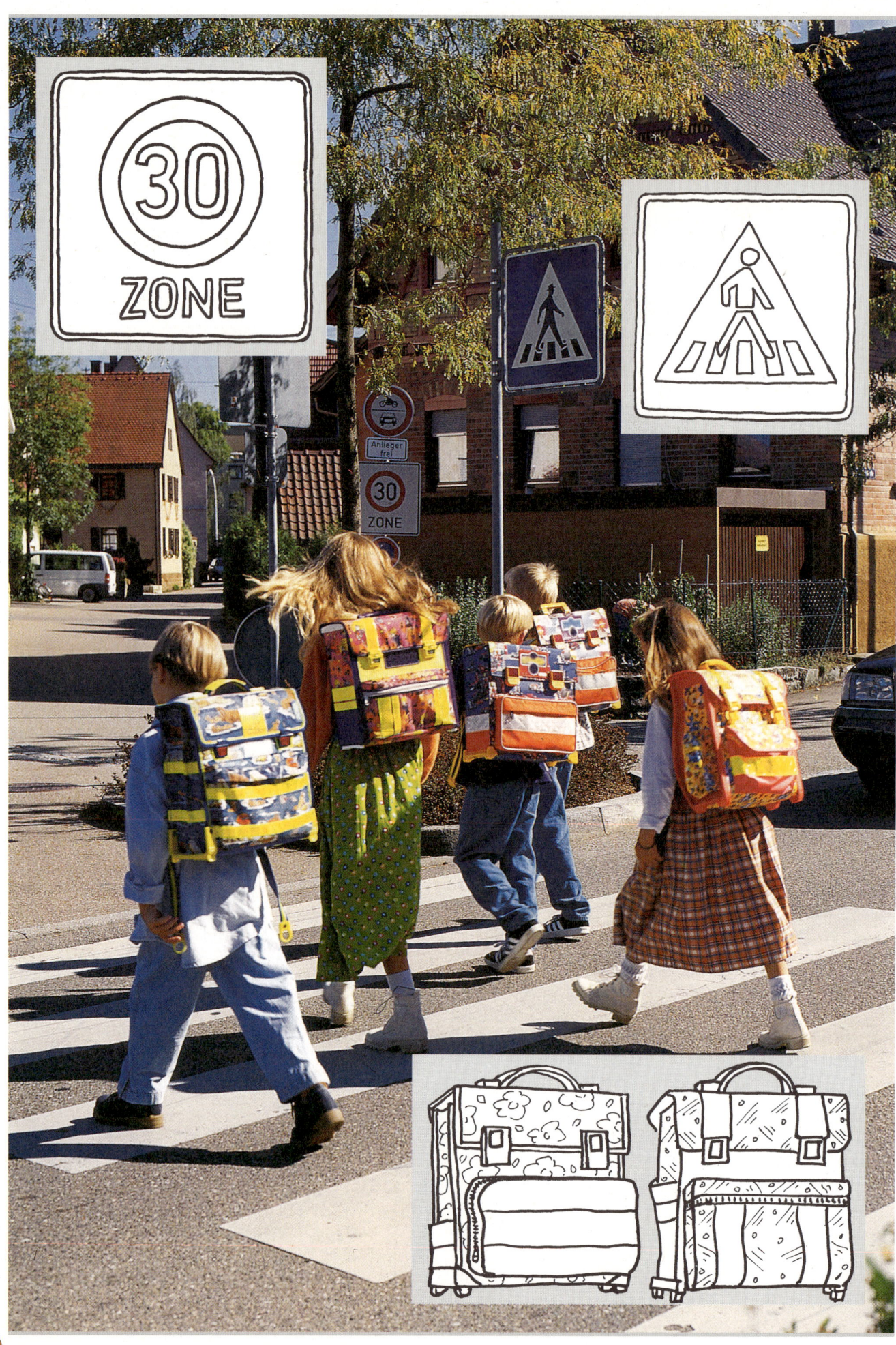

4 Die Kinder sprechen über ihren Schulweg.
Die Gegenstände werden mit Farben ausgemalt.

# Zählen und vergleichen

Die Kinder sprechen über die Gruppierungen auf dem Schulhof. Sie verwenden dabei auch ihre Kenntnisse über Zahlen. Mit Strichlisten werden Anzahlen aus dem Bild dargestellt.

5

# Bauen, zählen, malen

6 Die Kinder sprechen über die Bilder und bauen die Brücken nach.
Sie beachten Farbe und Anzahl der Würfel.
**4** Die Brücken werden gemalt.

# Zählen und ordnen

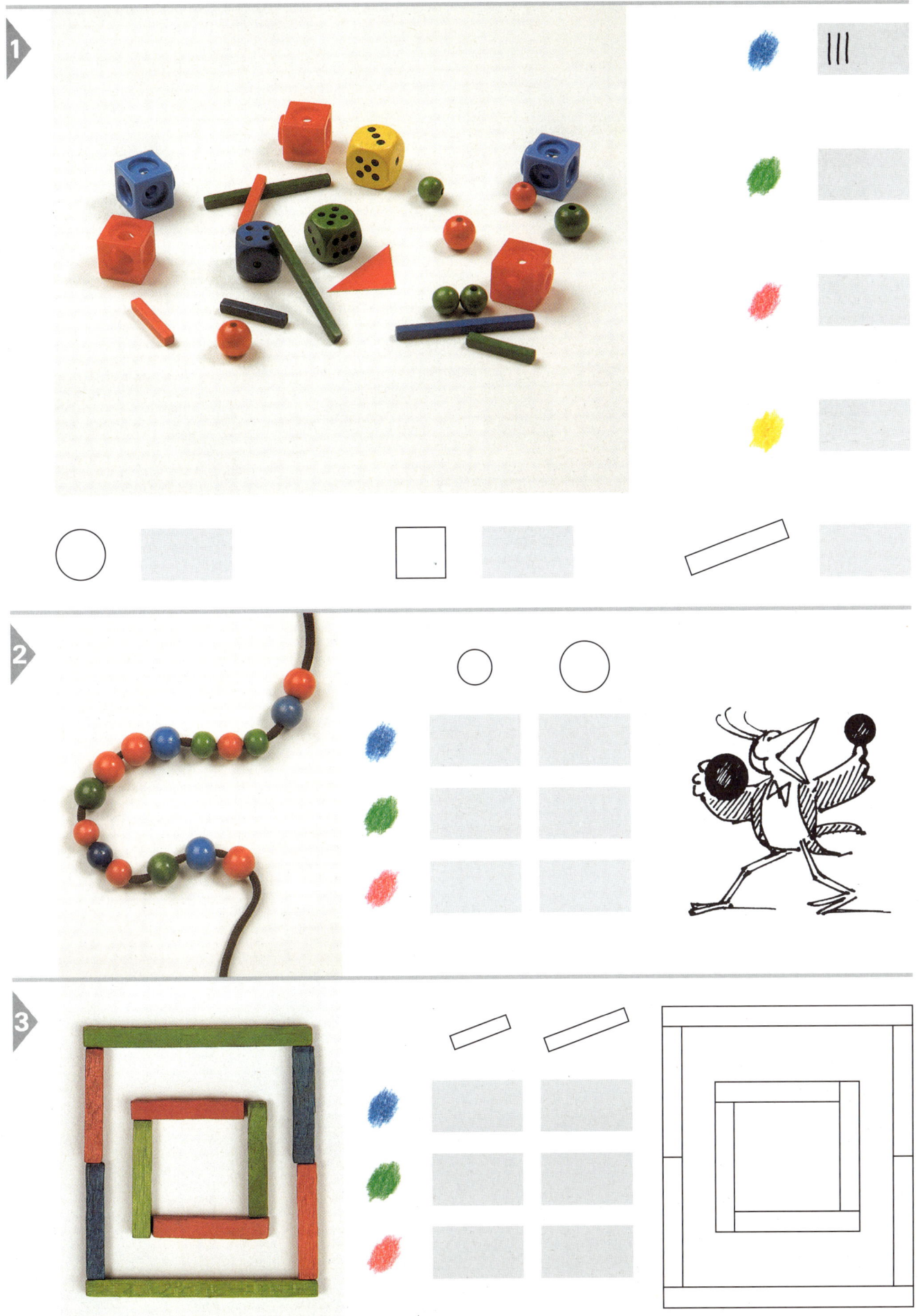

**1** bis **3** Das Spielmaterial wird nach unterschiedlichen Merkmalen geordnet und mit Strichlisten gezählt. In **3** soll die linke Figur mit Stäbchen gelegt, die rechte nach der Vorlage mit farbigen Stäbchen gestaltet werden.

# Legen, zählen, malen

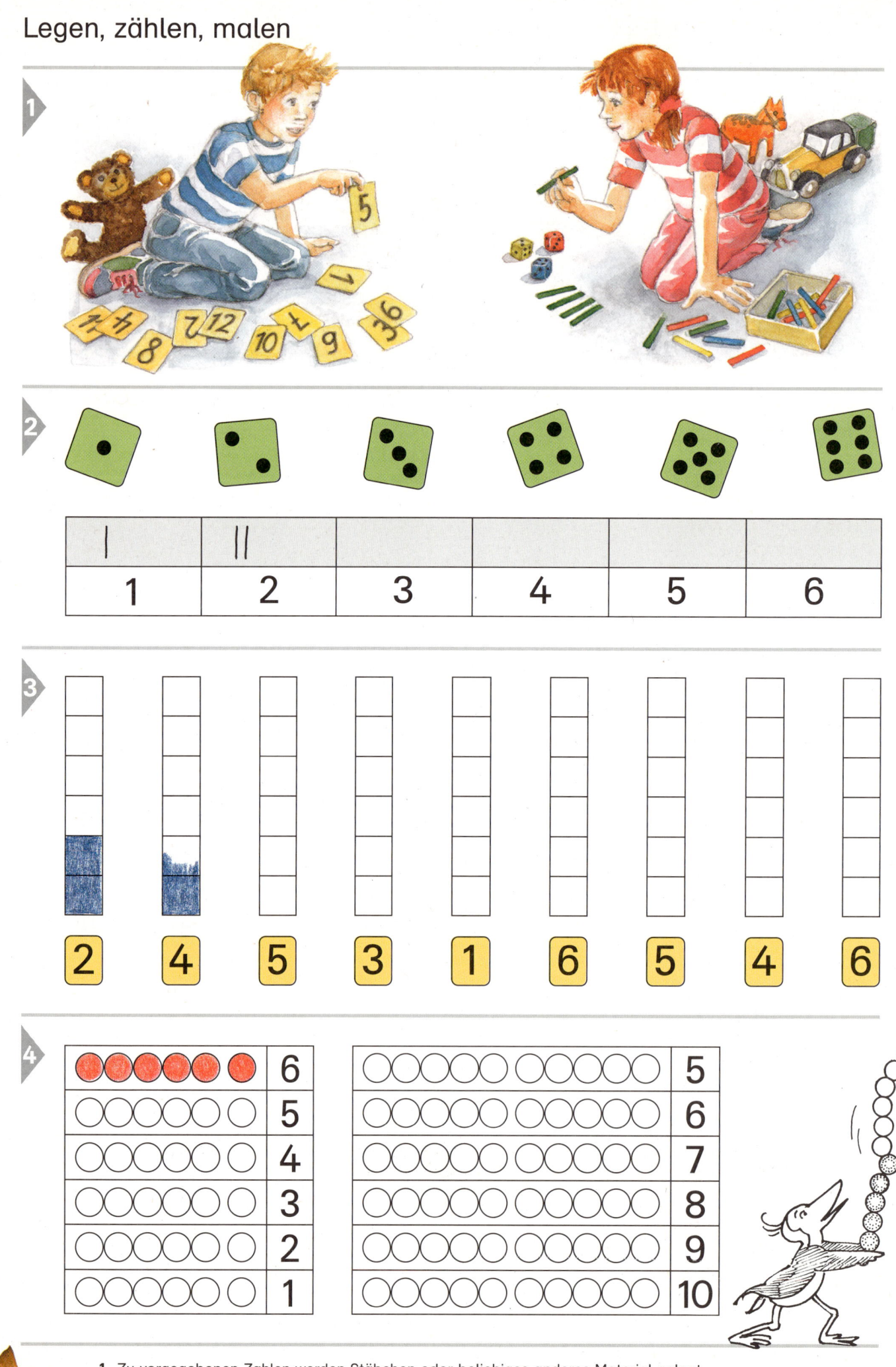

1 Zu vorgegebenen Zahlen werden Stäbchen oder beliebiges anderes Material gelegt.
3 und 4 Zu vorgegebenen Zahlen werden die entsprechenden Mengen gemalt.

# Legen, zählen, malen

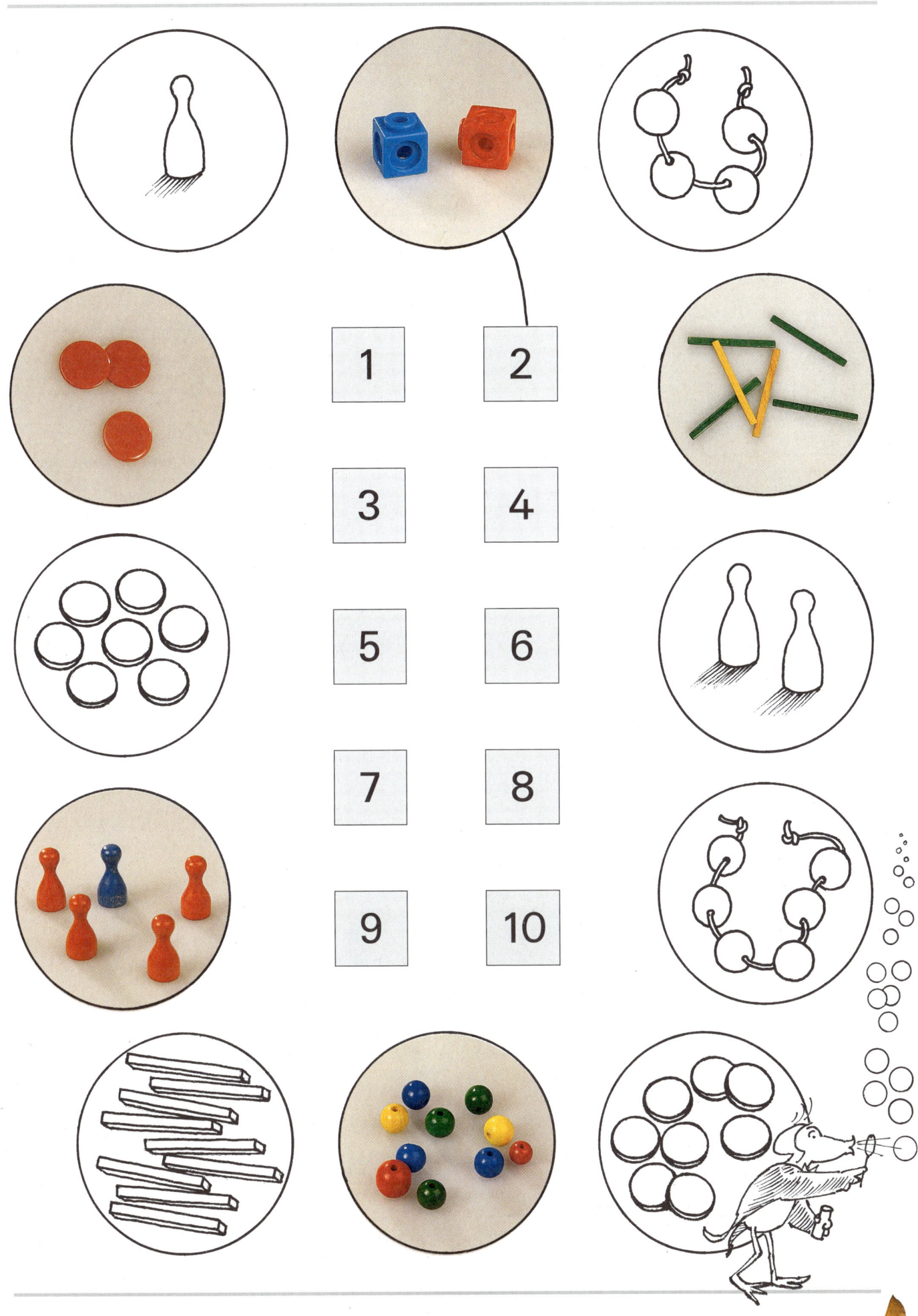

Bilder und Zahlen werden verbunden. Einige Bilder werden ausgemalt.

# Die Zahlen 1, 2 und 3

Die Kinder sprechen über die Bilder und zählen dabei. Die jeweilige Anzahl wird mit Spielmaterial gelegt und die Bilder werden mit verschiedenen Farben ausgemalt.

# Die Zahlen 1, 2 und 3

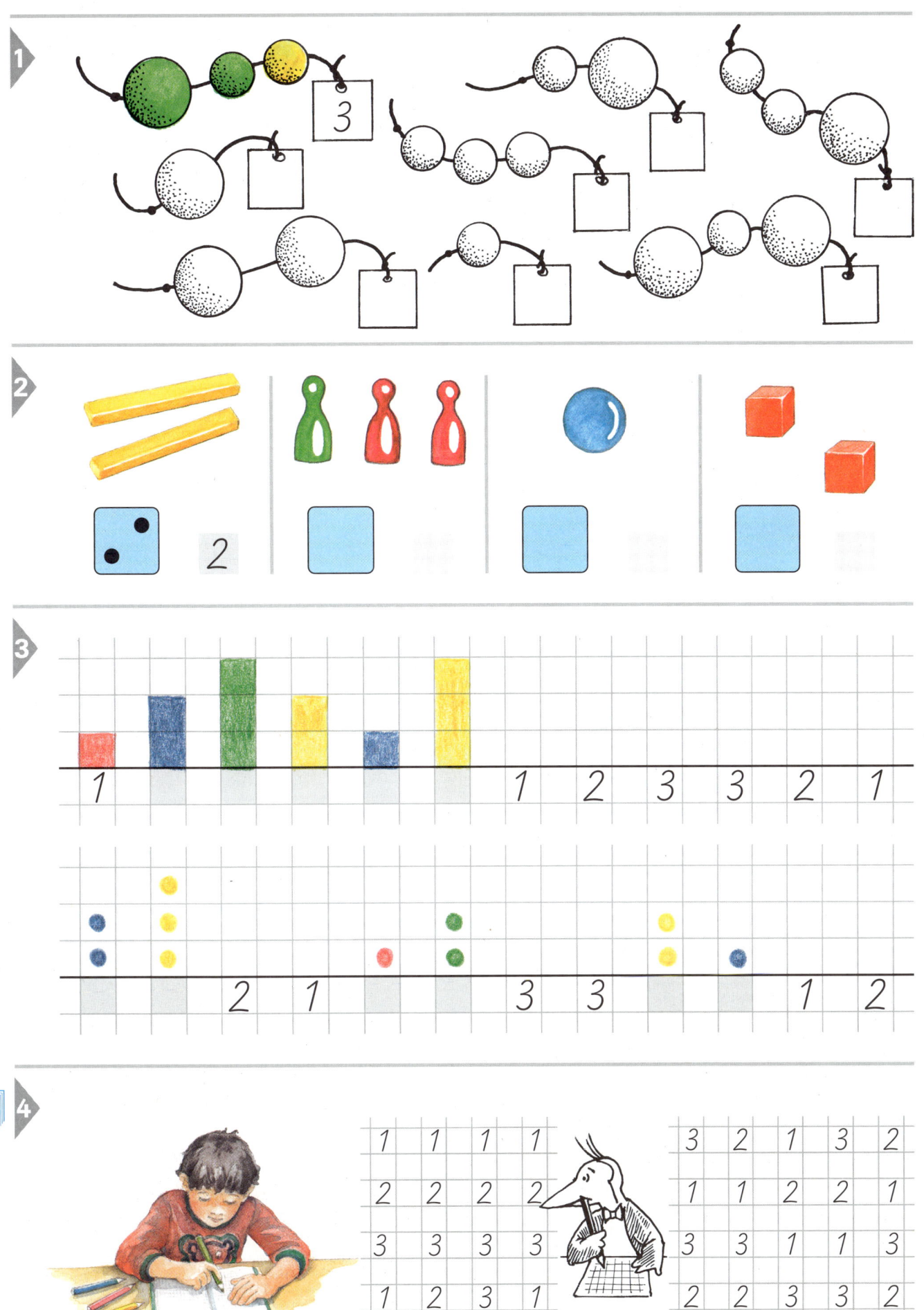

Das Zuordnen von Gegenständen und entsprechenden Zahlen wird geübt.
4 Die Zahlenfolgen werden ins Heft übertragen und fortgesetzt.

# Die Zahlen 4, 5 und 6

Die Kinder sprechen über die Bilder, zählen, legen Spielmaterial und malen mit verschiedenen Farben aus.

# Die Zahlen 1 bis 6

**1**

**2**  1   5 4 3 2 1 6

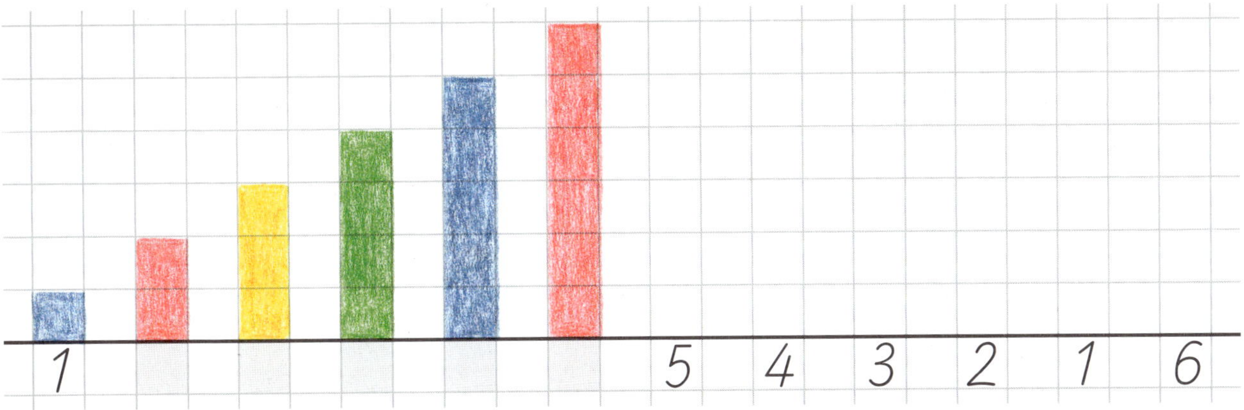

**3**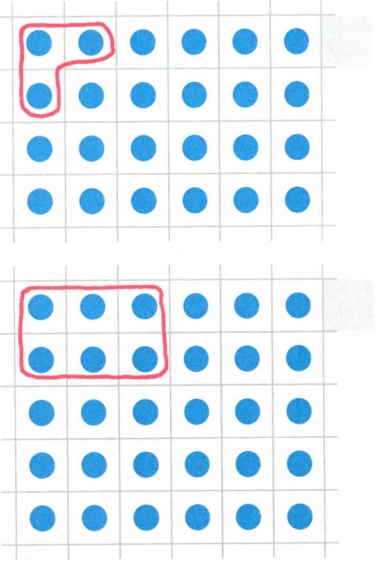

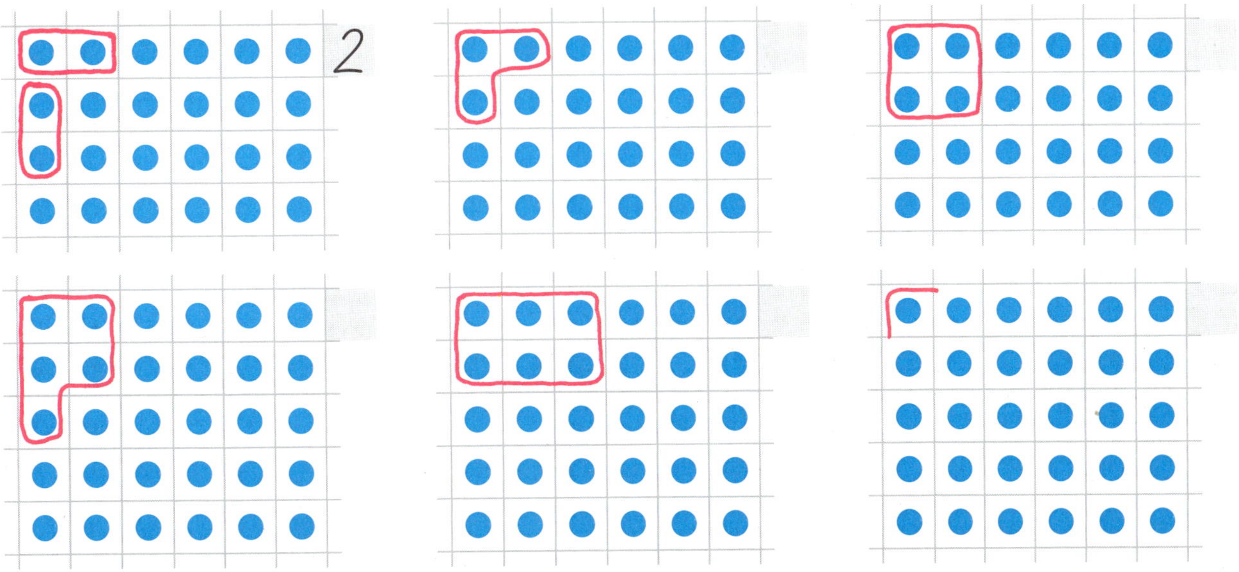

**4**

| 4 | 4 | 4 |
| 5 | 5 | 5 |
| 6 | 6 | 6 |

| 1 | 3 | 5 | 1 | 3 |
| 2 | 4 | 6 | 2 | 4 |
| 5 | 3 | 1 | 5 | 3 |

| 1 | 2 | 5 | 6 | 1 |
| 3 | 3 | 4 | 4 | 3 |
| 2 | 2 | 5 | 5 | 2 |

1 und 2  Das Zuordnen von Zahlenbildern und Zahlen wird geübt.
3  Die Punktfelder werden durch Einkreisen entsprechend aufgeteilt.
4  Die Zahlenfolgen werden ins Heft geschrieben und fortgesetzt.

# Die Zahlen 1 bis 6

**1**

**2**

**3**

1 Die Kinder schreiben die passenden Zahlen zu den Zahlenbildern.
2 Zu den Zahlen werden Zahlenbilder gemalt.
3 Gegenstände werden gezählt und die Zahlen notiert.

# Zählen und erzählen

Die Kinder erzählen eine Geschichte zu den Bildern. Es gibt vielerlei Möglichkeiten, Zahlwörter anzuwenden.

15

# Zahlen zerlegen

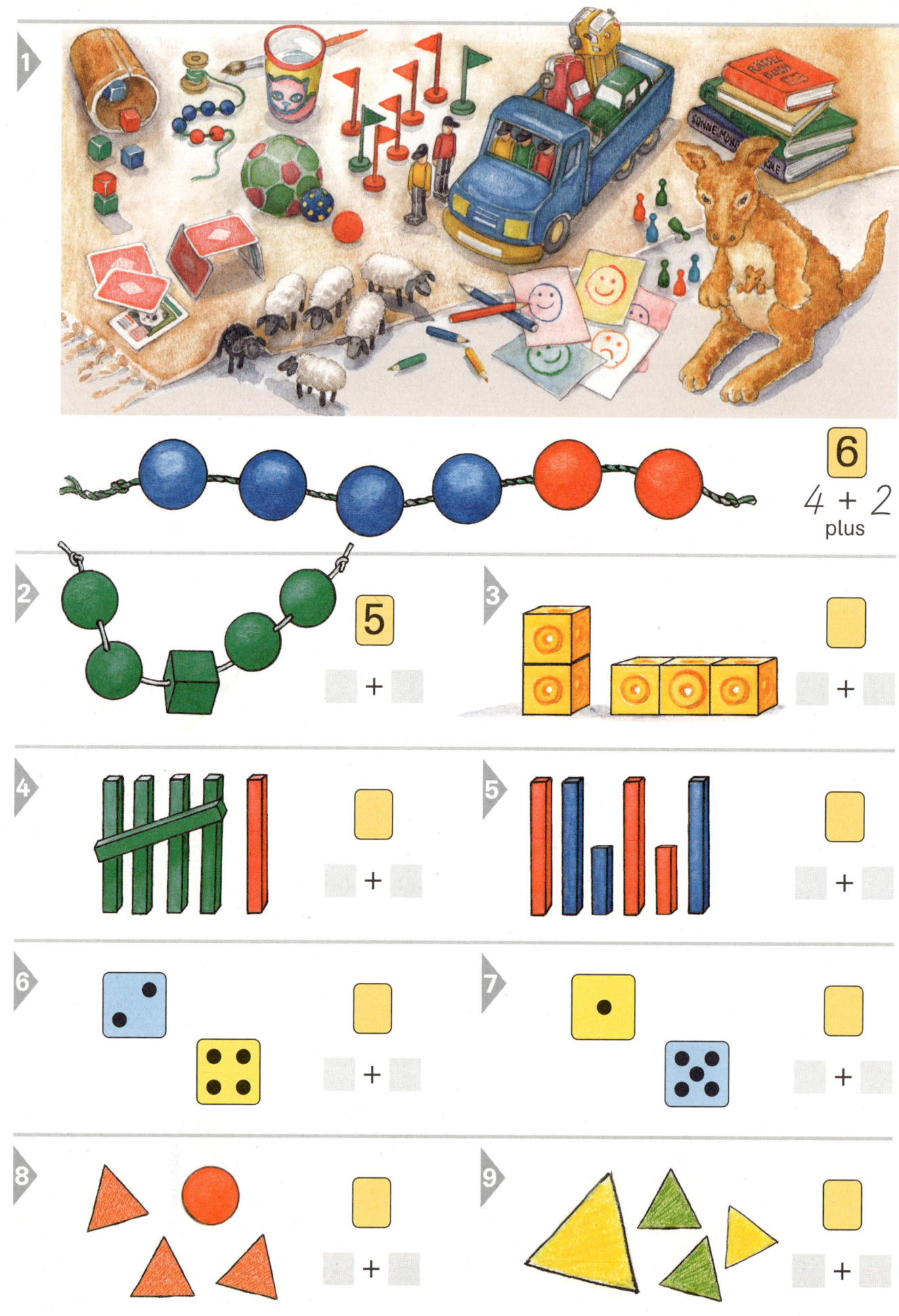

1 Es sind viele Rechengeschichten (Zerlegungen) dargestellt. Das Zeichen für „plus" wird eingeführt.
2 bis 9 Die Kinder notieren die Zerlegungen.

# Zahlen zerlegen

**1**

House 4:
4
3 +
+ 2
1 +

House 3:
3
2 +
+ 2

House 5:
5
4 +
+ 2
2 +
+ 4

House 6:
6
5 + 1
4 +
3 +
+ 4
1 +

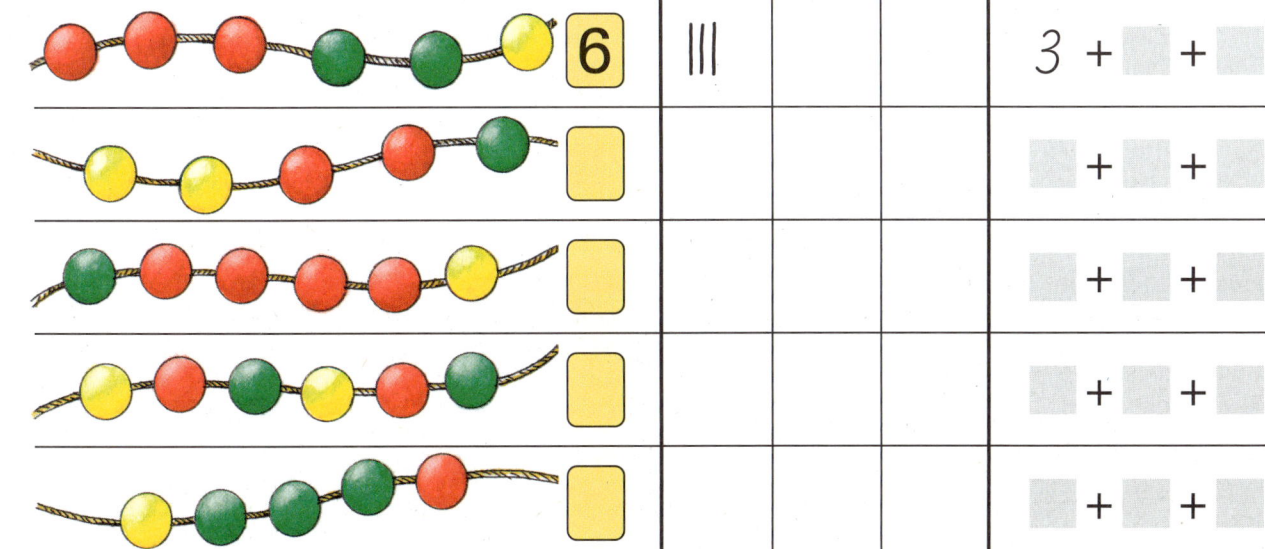

| | 🔴 | 🟢 | 🟡 | |
|---|---|---|---|---|
| 6 | III | | | 3 + ☐ + ☐ |
| ☐ | | | | ☐ + ☐ + ☐ |
| ☐ | | | | ☐ + ☐ + ☐ |
| ☐ | | | | ☐ + ☐ + ☐ |
| ☐ | | | | ☐ + ☐ + ☐ |

1 Verschiedene Zerlegungen werden gesucht und in die Zahlenhäuser geschrieben.
2 Zerlegungen in drei Zahlen.

# Viele Zahlen

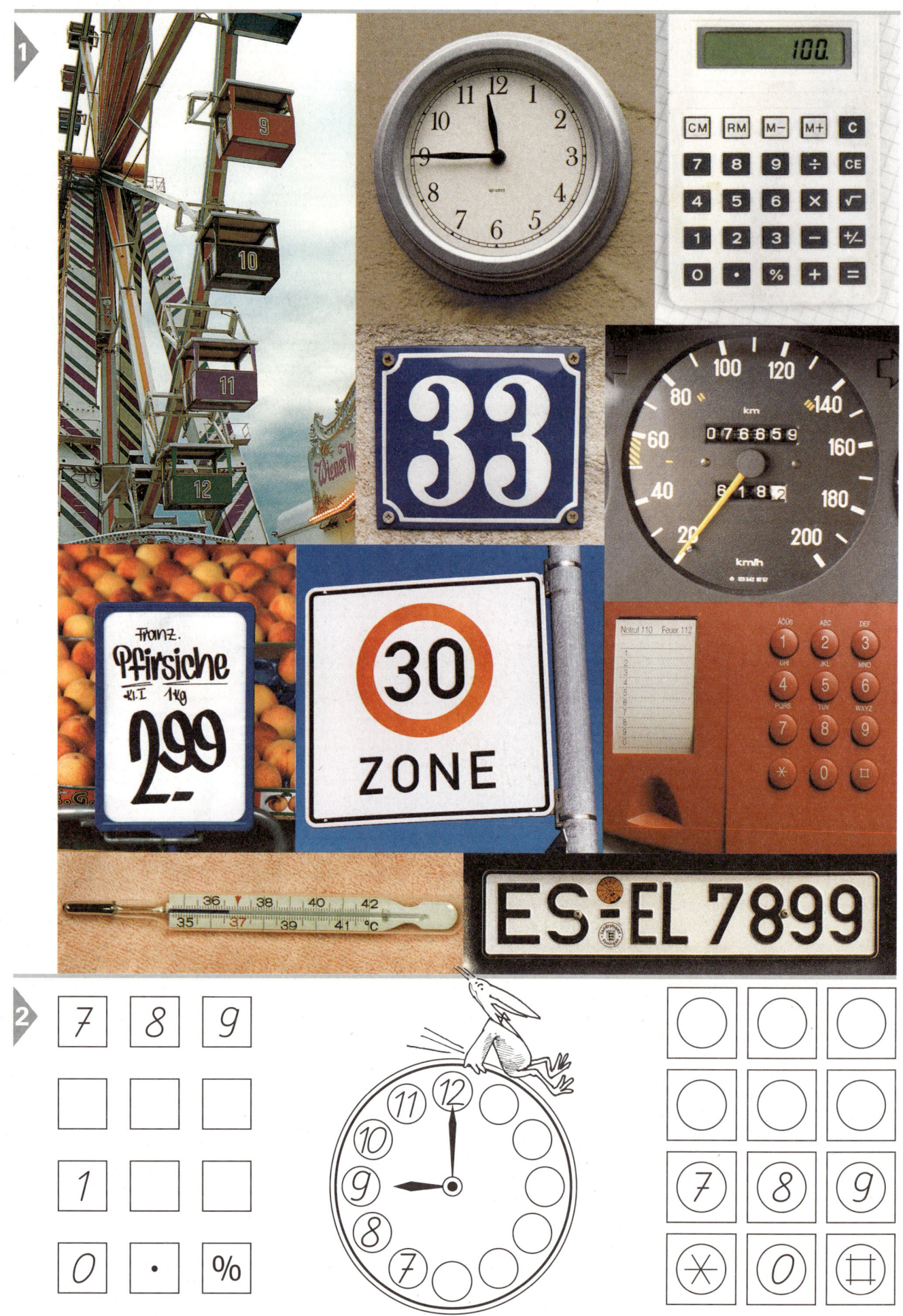

18
1 Die Kinder kennen viele Zahlen aus ihrer Umwelt. Sie finden weitere Beispiele.
2 Bilder ergänzen, Besonderheiten (z. B. Anordnung, Reihenfolge) besprechen.

# Spiele und Reime

2, 3, 4, 5, 6, 7,
ne alte Frau kocht Rüben,
ne alte Frau kocht Speck,
und du bist weg!

1, 2, 3, 4, 5, 6, 7,
wo ist unser Tim geblieben?
Ei, der sitzt im Wasserfass,
8 und 9, wie rappelt das!
Ene, dene, neck,
du gehst weg!

Die Zahlenreihen werden ergänzt, Brücken und Figuren werden angemalt.
Die Abzählreime werden gesprochen und dabei die Zahlenfolgen gezeigt.

# Die Zahl 7

20 Die Zahl 7 wird eingeführt. Es können viele Zerlegungen erkannt werden.
2 und 3 Zerlegungen notieren. 4 Zerlegungen bilden und notieren.

# Die Zahl 8

Die Zahl 8 wird eingeführt. Es lassen sich viele Zerlegungen ablesen.
Die Zerlegung in 4 + 4 ist wichtig.

# Zahlen bis 8

Zerlegungen in zwei und drei Zahlen werden wiederholt.

# Die Zahl 9

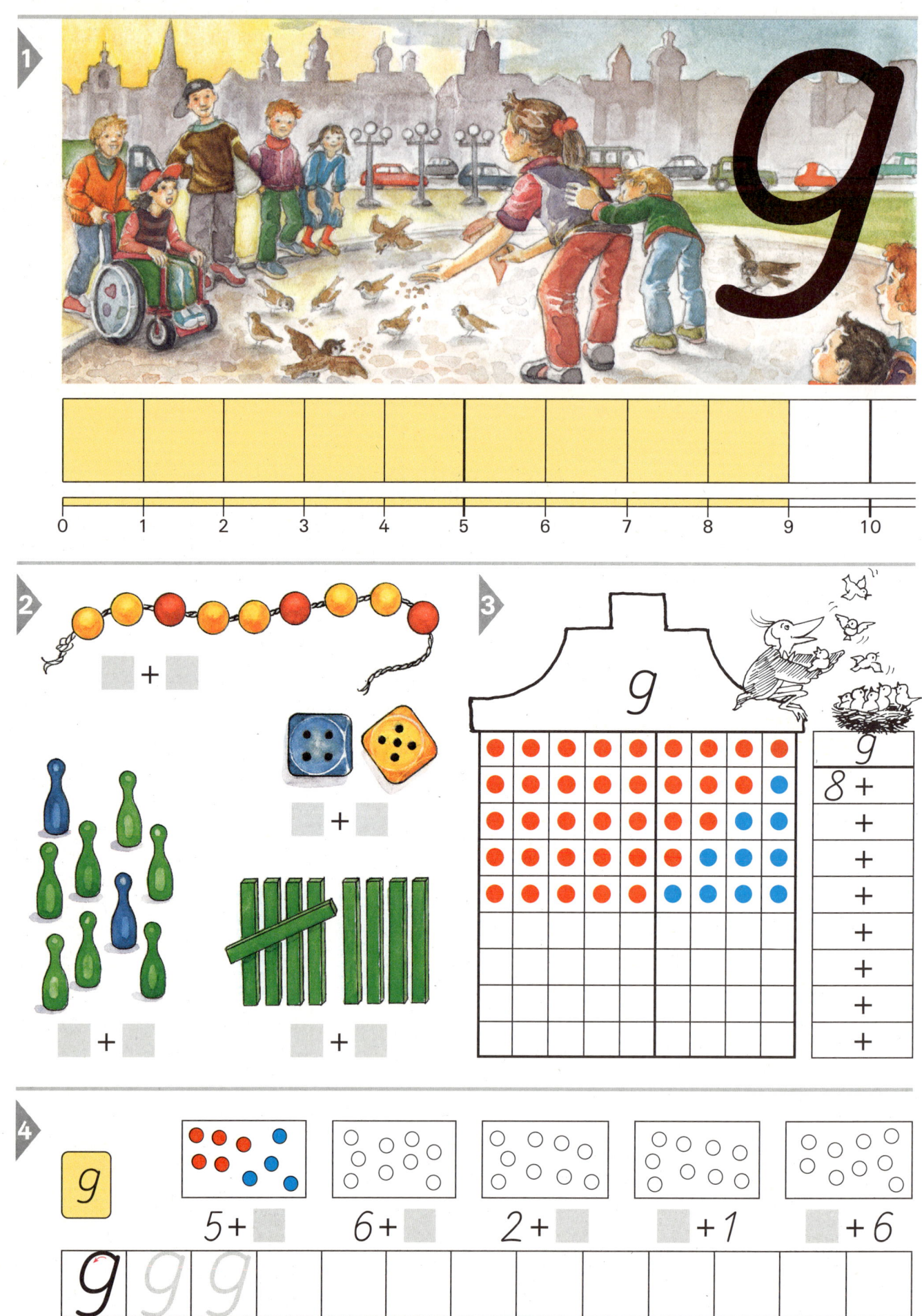

24 Die Zahl 9 wird eingeführt. Die Kinder erkennen viele Zerlegungen.

# Die Zahl Null

Die Zahl 0 wird eingeführt. Das Bild von Seite 24 hat sich verändert.
**1** und **2** Kinder erzählen Geschichten zu den Bildfolgen.
**3** Die Treppe wird bis 0 fortgeführt.

# Die Zahl 10

26  Die Zahl 10 wird eingeführt. Die Zerlegungen (besonders in 5 + 5) sind wichtig.

# Rechengeschichten

**1** bis **6** Es lassen sich Zerlegungen ablesen, malen und notieren. **7** Zerlegungen in drei Zahlen.

# Ordnungszahlen

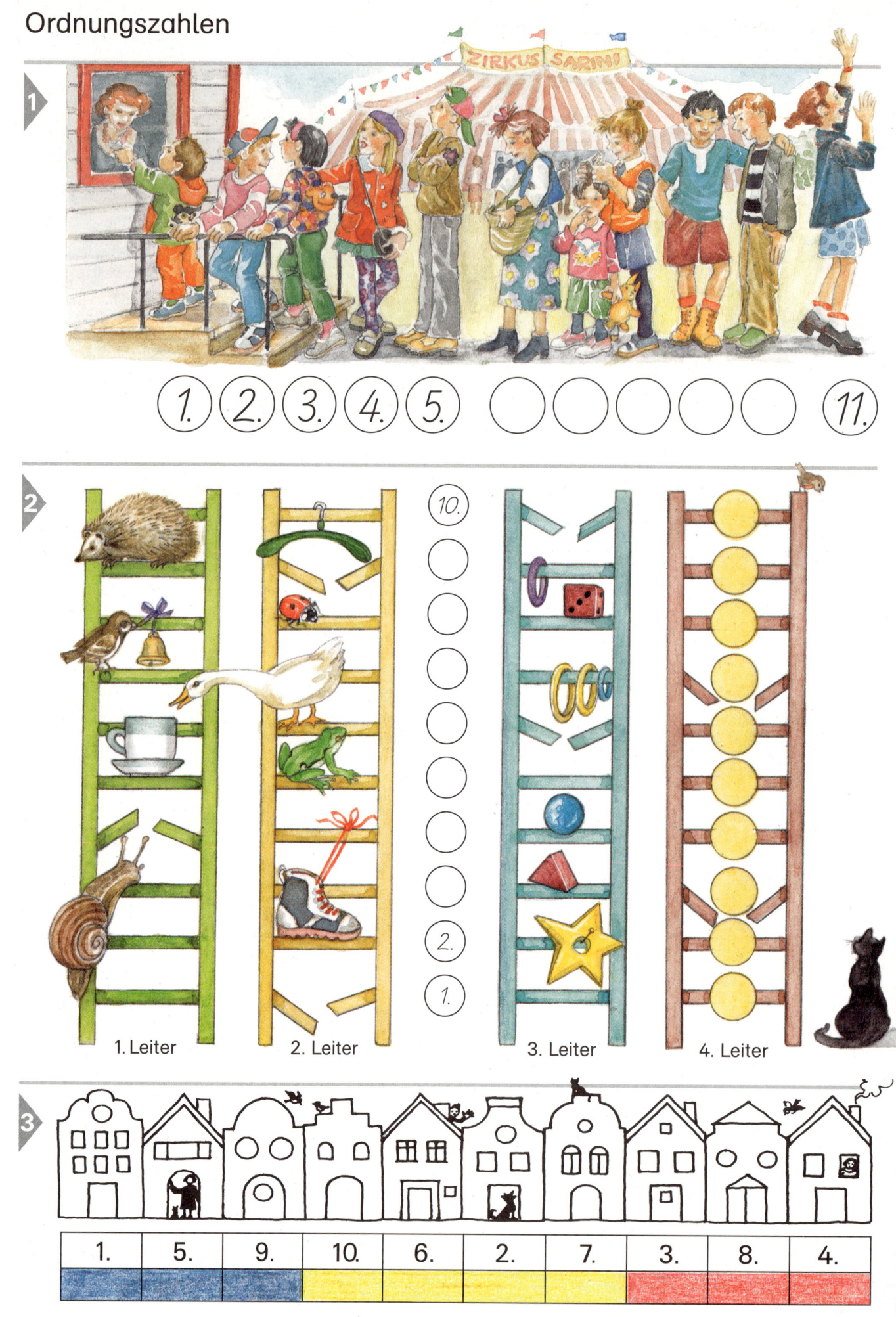

**1** und **2** Die Kinder erzählen und verwenden dabei die Ordnungszahlen. Auf die Sprossen der 4. Leiter können Halmasteine gestellt werden. **3** Die Häuser werden mit der angegebenen Farbe angemalt (1. Haus: blau, 2. Haus: gelb …).

# Vorgänger – Nachfolger – Nachbarn

**1**

**2**

| 7 | 8 | 9 | | | 2 | | | | 6 | | | 7 | | | | 4 | | | | 3 |

| | 3 | 4 | | | | 7 | 8 | | | | 6 | 7 | | | | 2 | 3 | | | | 4 | 5 |

| | 5 | 6 | | | | | 2 | | 4 | 5 | | | | 2 | | 5 | | | | 9 |

**3**

| Vorgänger | | Nachfolger |
|---|---|---|
| 1 | 2 | 3 |
| 2 | 3 | |
| | 4 | |
| | 5 | |

| V | | N |
|---|---|---|
| | 7 | |
| 1 | | 3 |
| | | 9 |
| 0 | | |

| V | | N |
|---|---|---|
| 6 | | |
| | | 10 |
| 3 | | |
| | | 11 |

**4**

Die Begriffe „Vorgänger", „Nachfolger" und „Nachbarn" werden erarbeitet und auf Zahlen übertragen.
4 Zahlenfolgen werden ins Heft übertragen und fortgesetzt.

29

# Plus: Es werden mehr

Sprechanlässe zur Einführung der Addition.
Im Gegensatz zu den Zahlzerlegungen wird hier jeweils die Summe zweier Zahlen bestimmt:
7 Tauben sitzen auf dem Dach, 3 Tauben fliegen herbei. Wie viele sind es zusammen?

# Plusaufgaben

**1**

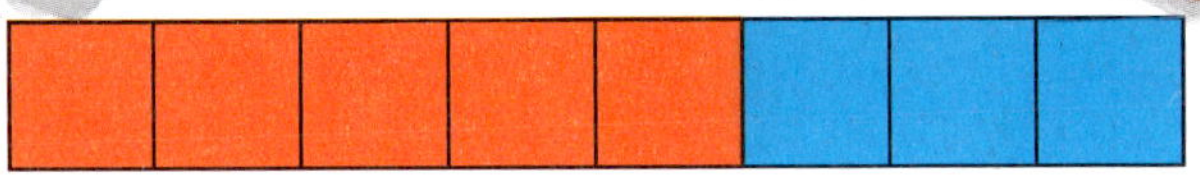

5 + 3 = 
plus  ist gleich

**2**  2 + ☐ = ☐

**3**  ☐ + ☐ = ☐

**4**  ☐ + ☐ = ☐

**5**  ☐ + ☐ = ☐

**6**  ☐ + ☐ = ☐

Einführung der Sprech- und Schreibweise für die Addition.
Die Aufgaben können auch mit Spielmaterial (z. B. Steckwürfel) gelegt werden.

# Plusaufgaben

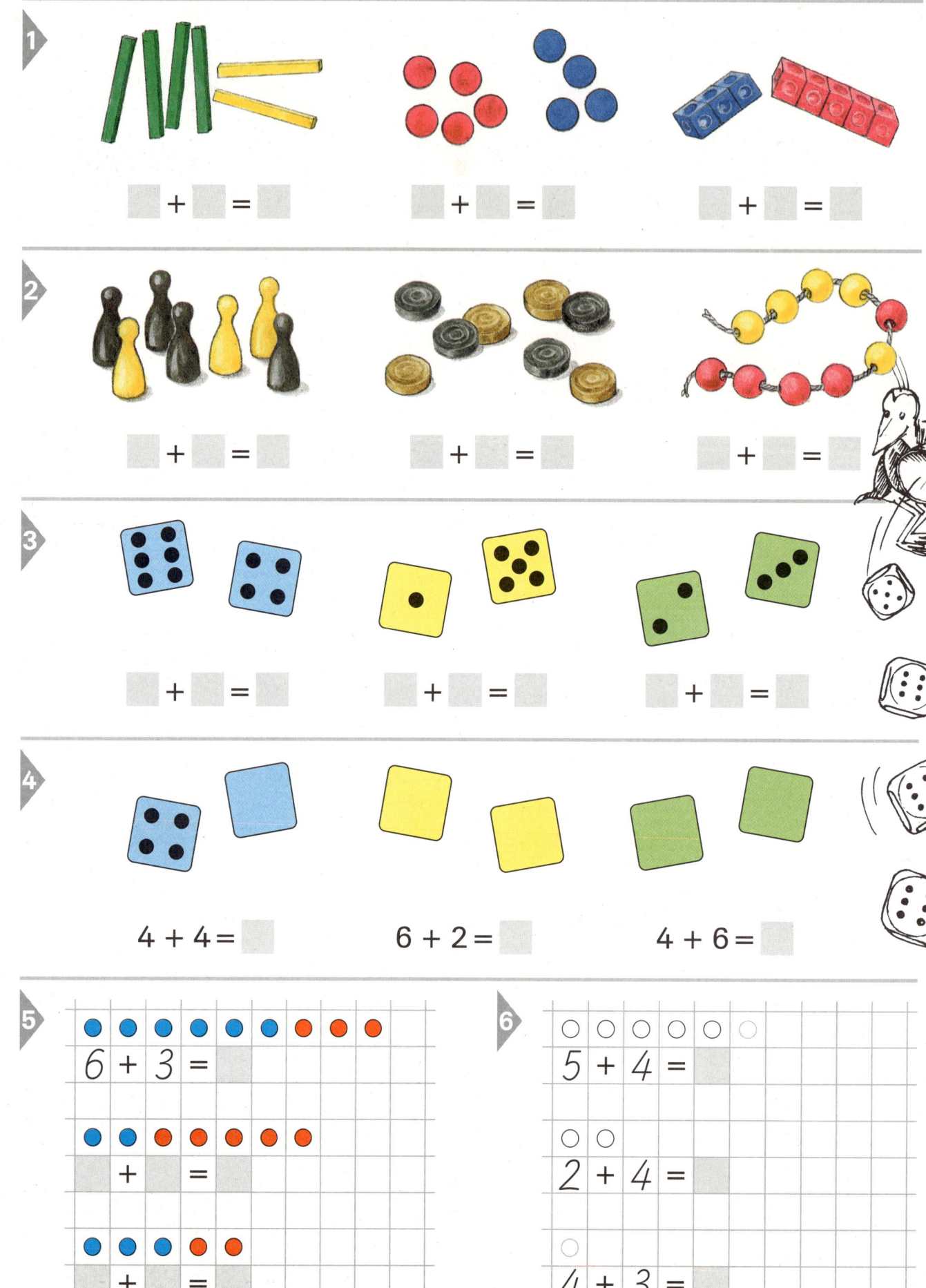

4 + 4 = ☐   6 + 2 = ☐   4 + 6 = ☐

6 + 3 =
☐ + ☐ =
☐ + ☐ =

5 + 4 =
2 + 4 =
4 + 3 =

An den Bildern lassen sich Additionsaufgaben ablesen.
Die Würfel am Rand weisen über den Zahlenraum bis 10 hinaus.

# Plusaufgaben

**1**

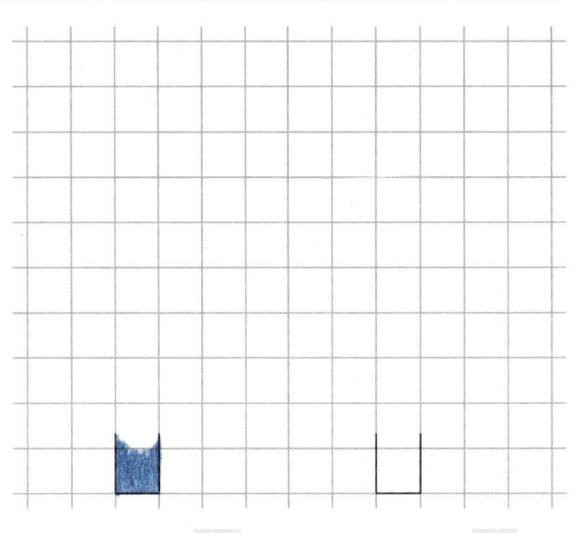

6 + 3 =     ☐ + ☐ = ☐     8 + 2 =     2 + 5 =

**2**

| 2 + 2 = | 6 + 2 = |
| --- | --- |
| 3 + 1 = | 6 + 0 = |
| 5 + 3 = | 0 + 9 = |
| 1 + 3 = | 1 + 1 = |

**3**

| 5 + 1 = | 4 + 4 = |
| --- | --- |
| 4 + 2 = | 5 + 4 = |
| 2 + 4 = | 4 + 5 = |
| 3 + 3 = | 4 + 3 = |

**4**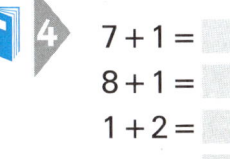

| 7 + 1 = | 7 + 3 = | 3 + 6 = | 9 + 1 = | 5 + 3 = |
| --- | --- | --- | --- | --- |
| 8 + 1 = | 0 + 4 = | 1 + 9 = | 0 + 10 = | 3 + 5 = |
| 1 + 2 = | 2 + 3 = | 2 + 8 = | 8 + 2 = | 2 + 4 = |
| 1 + 4 = | 3 + 4 = | 2 + 7 = | 4 + 6 = | 4 + 2 = |

**5**

☐ + ☐ = ☐
☐ + ☐ = ☐
☐ + ☐

Additionsaufgaben können auch mit Würfeltürmen gelöst werden.
**2** und **3** Die Aufgaben geben ein Vorbild für die Heftführung.
**5** Mehrere Aufgaben lassen sich ablesen.

# Aufgabe und Tauschaufgabe

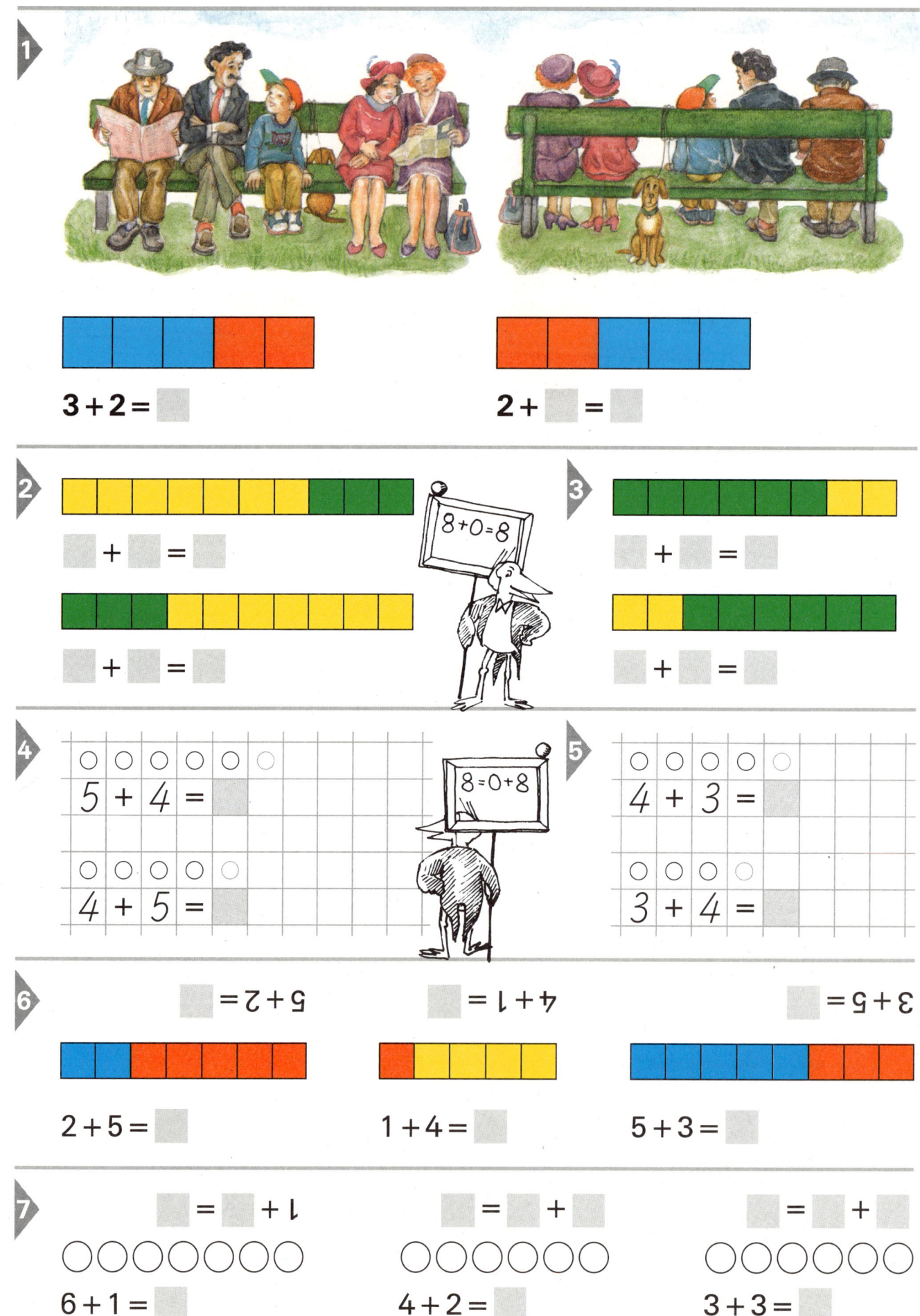

34  Bei der Addition darf man die Summanden vertauschen.

# Aufgabe und Tauschaufgabe

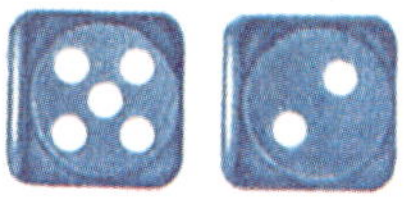

3 + 4 = ▢         5 + ▢ = ▢         5 + ▢ = ▢
4 + ▢ = ▢         ▢ + ▢ = ▢         ▢ + ▢ = ▢

4 + 2 = ▢     7 + 3 = ▢     6 + 2 = ▢     5 + 1 = ▢
2 + 4 = ▢     3 + ▢ = ▢     ▢ + ▢ = ▢     ▢ + ▢ = ▢

| 5 + 3 = |
|---|
| 3 + 5 = |

~~5 + 3~~   1 + 3   8 + 2   1 + 7   6 + 0
9 + 1   5 + 4   3 + 4   5 + 5   3 + 6   2 + 1   2 + 5   10 + 1

8 + 1 = ▢     6 + 4 = ▢          3 + 7 = ▢     2 + 6 = ▢
7 + 2 = ▢     9 + 1 = ▢          1 + 6 = ▢     1 + 4 = ▢
1 + 8 = ▢     4 + 6 = ▢          4 + 6 = ▢     3 + 5 = ▢
2 + 7 = ▢     1 + 9 = ▢          4 + 5 = ▢     2 + 10 = ▢

„Ich denke an die Tauschaufgabe!"

   ▢ + ▢ = ▢
                        ▢ + ▢ = ▢

   ▢ + ▢ = ▢
                        ▢ + ▢ = ▢

Aufgabe und Tauschaufgabe werden jetzt an *einem* Bild abgelesen.
4  Zu jeder Aufgabe wird auch die Tauschaufgabe notiert.
5  Rechenvorteile nutzen.

# Minus: Es werden weniger

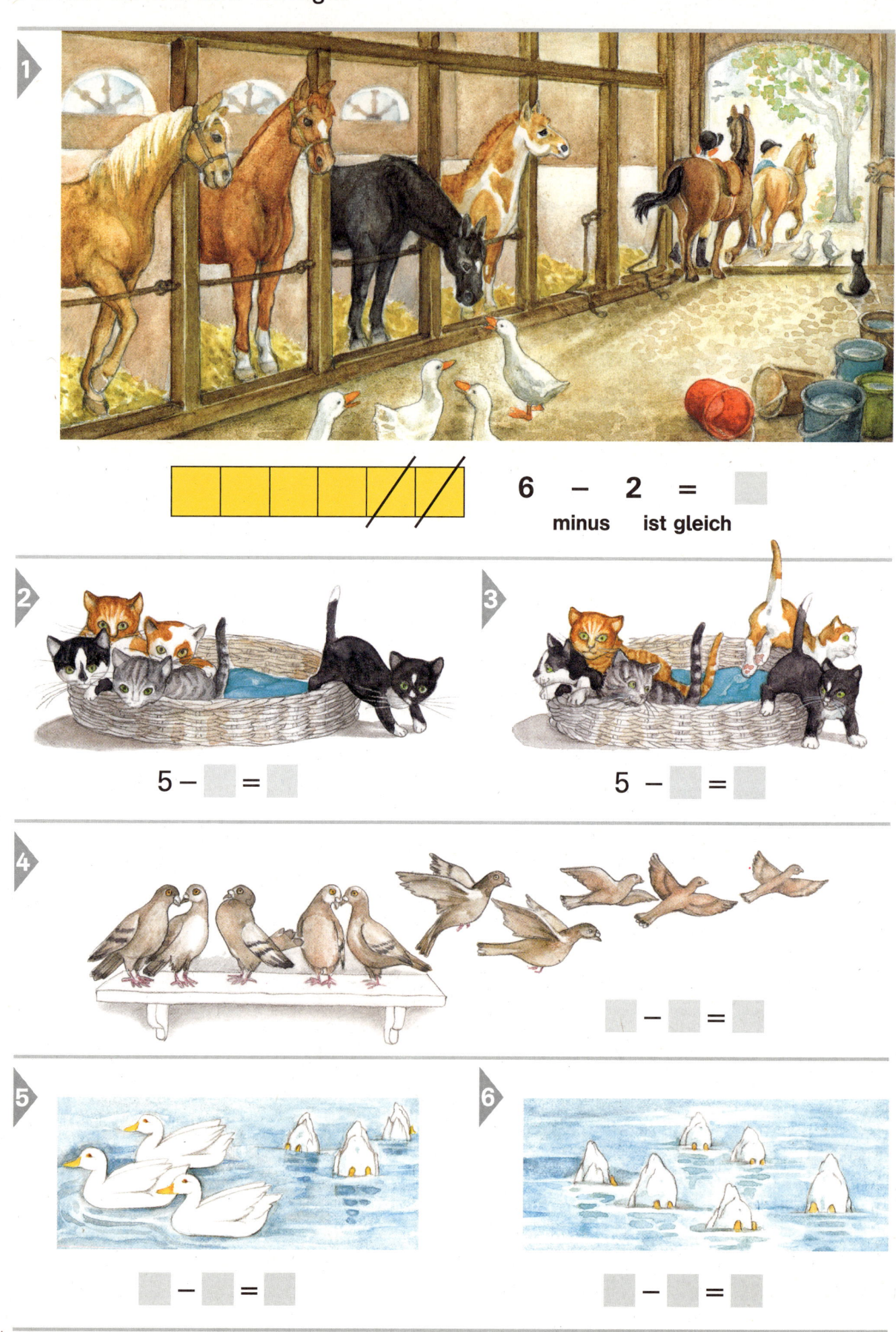

6 − 2 = ☐
minus   ist gleich

5 − ☐ = ☐

5 − ☐ = ☐

☐ − ☐ = ☐

☐ − ☐ = ☐

☐ − ☐ = ☐

Einführung der Sprech- und Schreibweise für die Subtraktion.

# Minusaufgaben

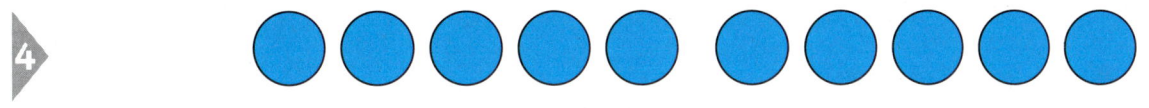

**1** 

7 − ☐ = ☐    ☐ − ☐ = ☐    ☐ − ☐ = ☐

**2**

☐ − ☐ = ☐    ☐ − ☐ = ☐    ☐ − ☐ = ☐

**3**

8 − 4 =     8 − 1 =     8 − 6 =     8 − 5 =
8 − 2 =     8 − 3 =     8 − 7 =     8 − 8 =     8 − 0 =

**4**

10 − 5 =     10 − 2 =     10 − 4 =
10 − 1 =     10 − 9 =     10 − 8 =     10 − 10 =
10 − 3 =     10 − 6 =     10 − 7 =     10 − 0 =

**5**

6 − 3 =
6 − 1 =     ☐ − ☐ = ☐
6 − 4 =     ☐ − ☐ = ☐
6 − 0 =     ☐ − ☐ = ☐

**6**

5 − 2 =     ☐ − ☐ = ☐
5 − 0 =     ☐ − ☐ = ☐
5 − 3 =     ☐ − ☐ = ☐

In den Aufgaben **3** bis **6** kann man alle Ergebnisse durch Abdecken zeigen.
**5** und **6** Die Kinder sollen die fehlenden Möglichkeiten selbst finden.

# Minusaufgaben

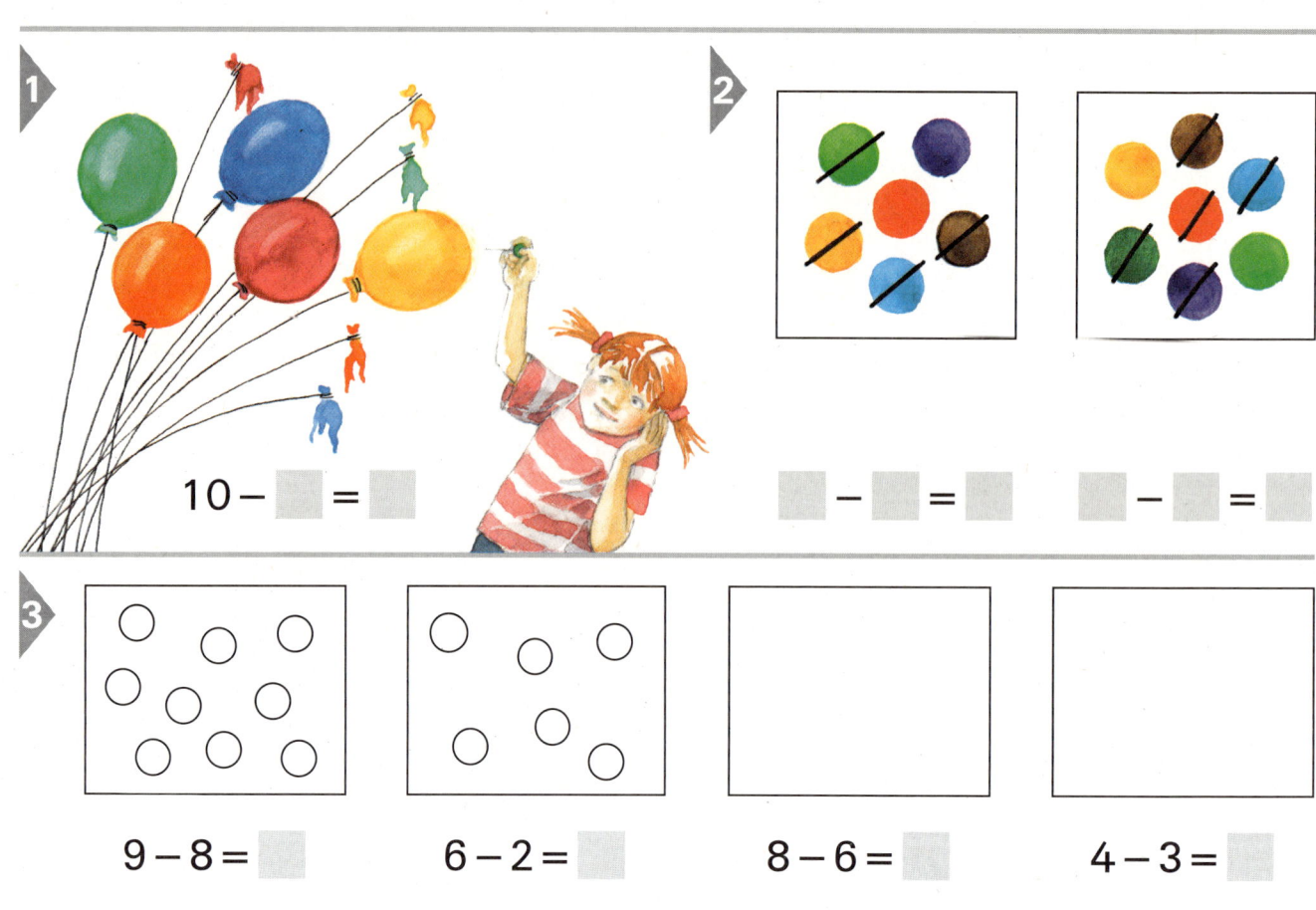

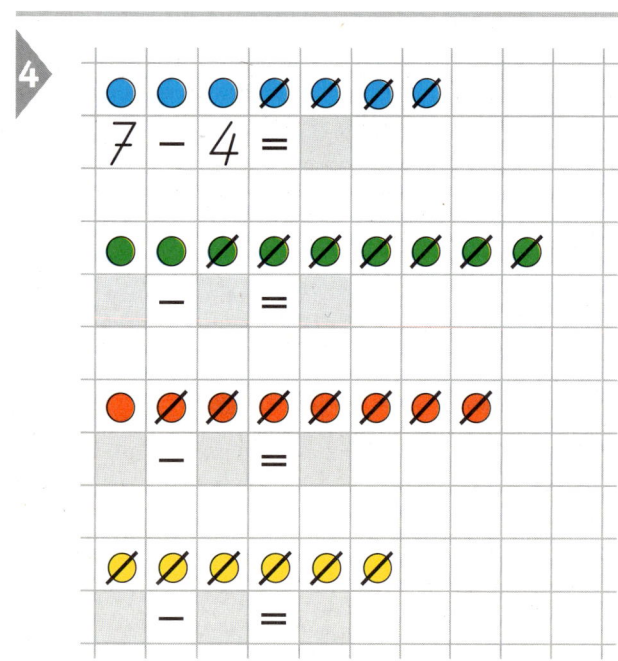

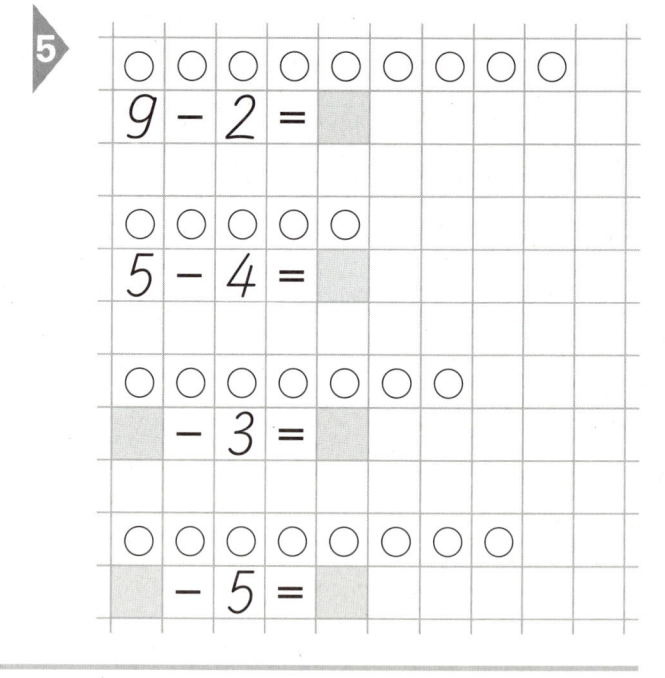

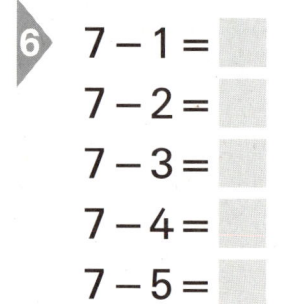

**1** 10 − ▢ = ▢

**2** ▢ − ▢ = ▢   ▢ − ▢ = ▢

**3**
9 − 8 = ▢   6 − 2 = ▢   8 − 6 = ▢   4 − 3 = ▢

**4**
7 − 4 = ▢
▢ − ▢ = ▢
▢ − ▢ = ▢
▢ − ▢ = ▢

**5**
9 − 2 = ▢
5 − 4 = ▢
▢ − 3 = ▢
▢ − 5 = ▢

**6**
7 − 1 =   8 − 4 =
7 − 2 =   8 − 3 =
7 − 3 =   8 − 2 =
7 − 4 =   8 − 1 =
7 − 5 =   8 − 0 =

**7**
3 − 1 =   6 − 2 =
4 − 2 =   6 − 4 =
5 − 3 =   8 − 5 =
6 − 4 =   8 − 3 =
7 − 5 =   10 − 3 =

Die Subtraktion wird anschaulich durch Wegnehmen oder Verdecken einzelner Teile gezeigt. Entsprechend verfährt man bei zeichnerischen Lösungen: Anteile werden gestrichen oder verdeckt.

# Minusaufgaben

**1**

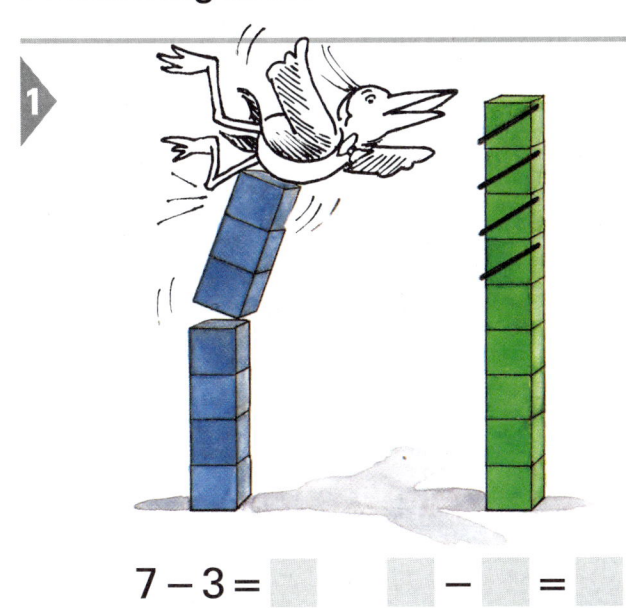

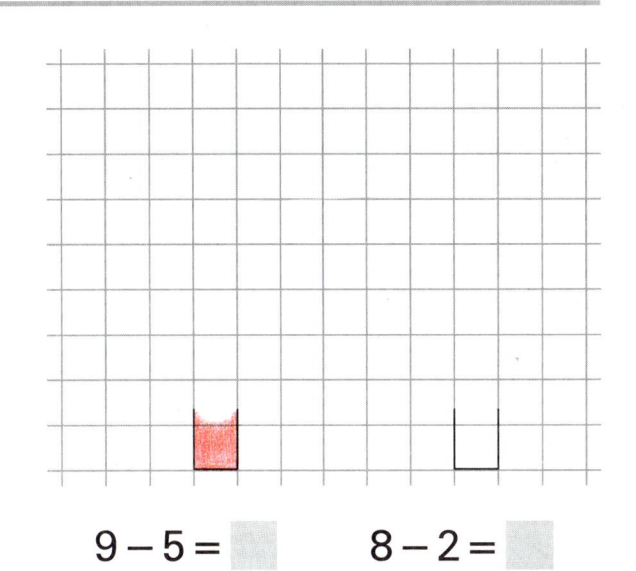

7 − 3 =      ☐ − ☐ = ☐      9 − 5 = ☐      8 − 2 = ☐

**2**

| | |
|---|---|
| 8 − 1 = | 2 − 1 = |
| 8 − 6 = | 4 − 2 = |
| 6 − 0 = | 6 − 3 = |
| 3 − 1 = | 8 − 4 = |

**3**

| | |
|---|---|
| 8 − 2 = | 7 − 6 = |
| 9 − 2 = | 9 − 1 = |
| 5 − 3 = | 9 − 4 = |
| 7 − 7 = | 8 − 7 = |

**4**

| | | | | |
|---|---|---|---|---|
| 3 − 1 = | 3 − 2 = | 7 − 5 = | 10 − 8 = | 8 − 4 = |
| 4 − 1 = | 6 − 0 = | 8 − 5 = | 9 − 5 = | 9 − 4 = |
| 6 − 1 = | 7 − 2 = | 9 − 9 = | 0 − 0 = | 10 − 4 = |
| 1 − 1 = | 8 − 3 = | 10 − 6 = | 5 − 4 = | 11 − 4 = |

**5**

☐ − ☐ = ☐

☐ − ☐ = ☐

☐ − ☐ = ☐

Auch Minusaufgaben können mit Würfeltürmen gelöst werden.
**2** und **3** Die Aufgaben geben ein Vorbild für die Heftführung.
**5** Es lassen sich mehrere Aufgaben ablesen.

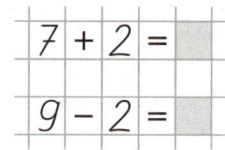

## Umkehraufgaben

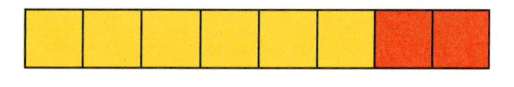

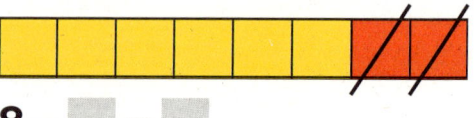

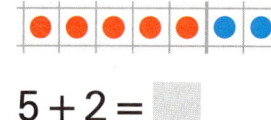

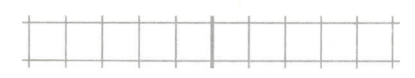

**1**

6 + 2 = ☐
Aufgabe

8 − ☐ = ☐
Umkehraufgabe

**2**

6 + 3 = ☐
9 − 3 = ☐

5 + 2 = ☐
7 − 2 = ☐

☐ + 5 = ☐
☐ − 5 = ☐

4 + 4 = ☐
☐ − 4 = ☐

2 + 6 = ☐
☐ − ☐ = ☐

7 + 3 = ☐
☐ − ☐ = ☐

**3**

2 + 3 = ☐
☐ − 3 = ☐

7 + 1 = ☐
☐ − 1 = ☐

1 + 6 = ☐
☐ − 6 = ☐

4 + 6 = ☐
☐ − 6 = ☐

3 + 5 = ☐
☐ − 5 = ☐

2 + 7 = ☐
☐ − 7 = ☐

6 + 2 = ☐
☐ − 2 = ☐

4 + 5 = ☐
☐ − 5 = ☐

**4**

7 + 2 = ☐
9 − 2 = ☐

2 + 5   3 + 6   5 + 5
~~7 + 2~~   4 + 3   10 + 1
5 + 1   3 + 7   1 + 9   10 + 2   0 + 7   6 + 4

40 Zu jeder Aufgabe gibt es eine Umkehraufgabe, mit der man das Ergebnis überprüfen kann.
Die Aufgaben können mit Steckwürfeln, Plättchen oder Punktmustern veranschaulicht werden.

# Umkehraufgaben

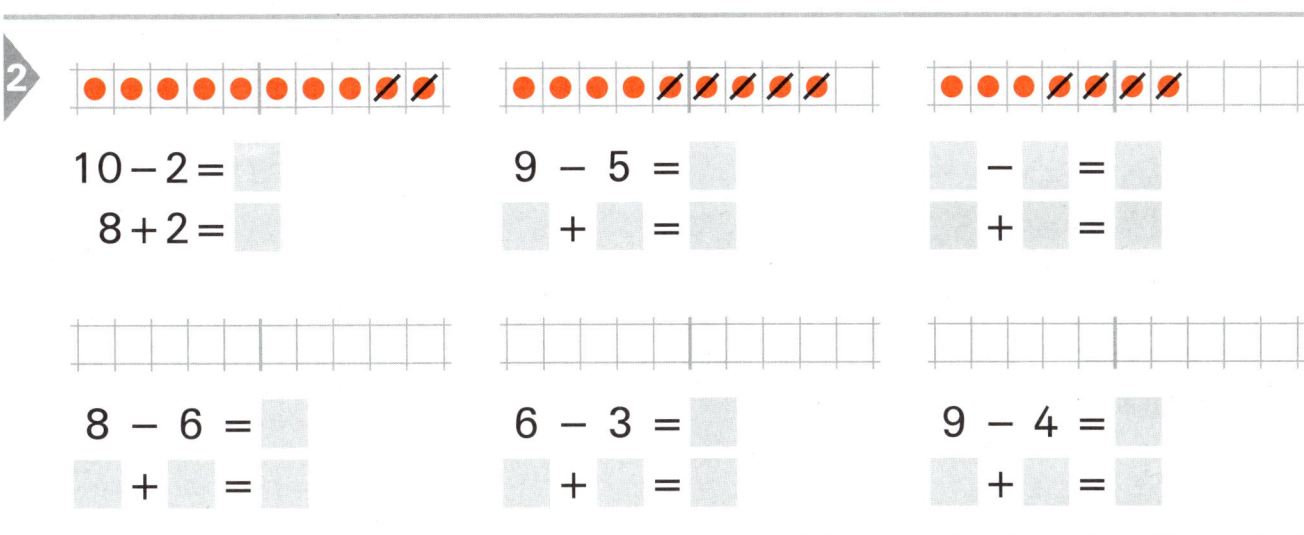

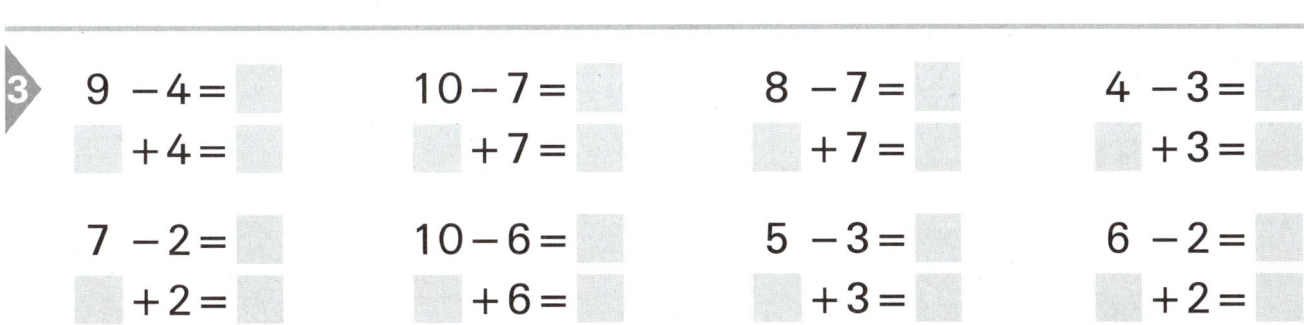

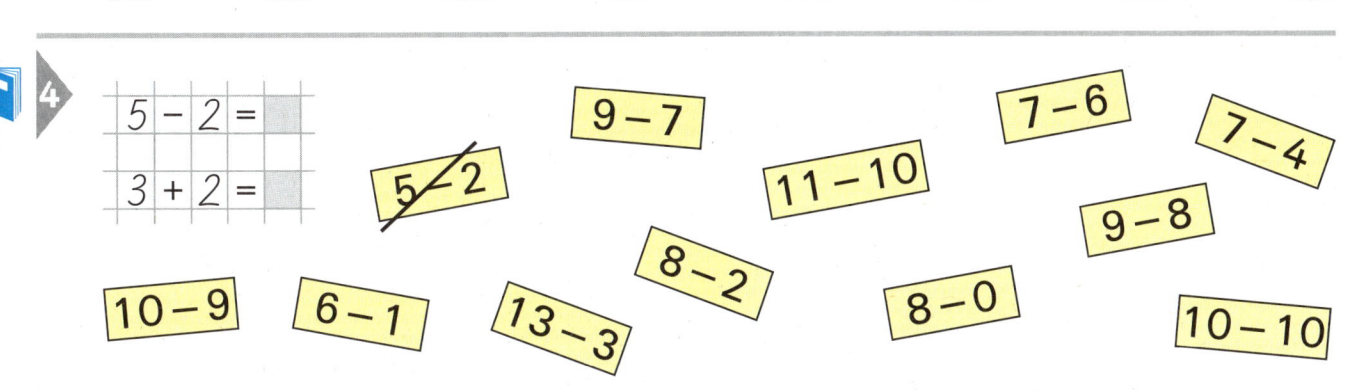

**1**

5 − 3 = ☐
Aufgabe

2 + ☐ = ☐
Umkehraufgabe

**2**

10 − 2 = ☐
8 + 2 = ☐

9 − 5 = ☐
☐ + ☐ = ☐

☐ − ☐ = ☐
☐ + ☐ = ☐

8 − 6 = ☐
☐ + ☐ = ☐

6 − 3 = ☐
☐ + ☐ = ☐

9 − 4 = ☐
☐ + ☐ = ☐

**3**

9 − 4 = ☐
☐ + 4 = ☐

10 − 7 = ☐
☐ + 7 = ☐

8 − 7 = ☐
☐ + 7 = ☐

4 − 3 = ☐
☐ + 3 = ☐

7 − 2 = ☐
☐ + 2 = ☐

10 − 6 = ☐
☐ + 6 = ☐

5 − 3 = ☐
☐ + 3 = ☐

6 − 2 = ☐
☐ + 2 = ☐

**4**

5 − 2 = ☐
3 + 2 = ☐

9 − 7   7 − 6   7 − 4
~~5 − 2~~   11 − 10   9 − 8
8 − 2   8 − 0
10 − 9   6 − 1   13 − 3   10 − 10

Zu jeder Aufgabe gibt es eine Umkehraufgabe, mit der man das Ergebnis überprüfen kann.
Die Aufgaben können mit Steckwürfeln, Plättchen oder Punktreihen veranschaulicht werden.

# Verwandte Aufgaben mit minus

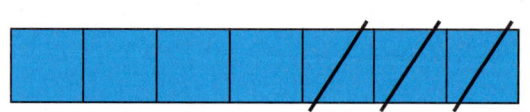

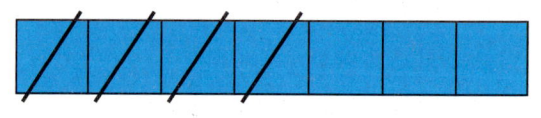

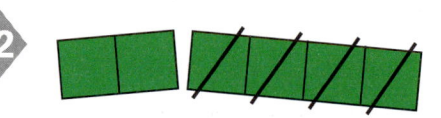

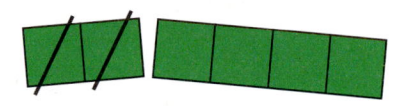

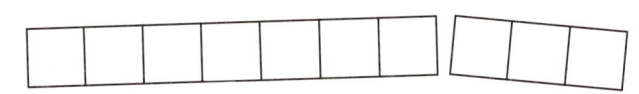

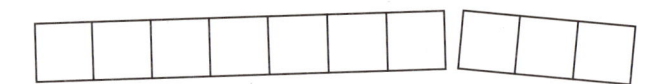

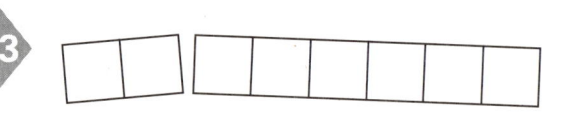

**1**

7 − 3 = ☐     7 − ☐ = ☐

**2**

6 − 4 = ☐     10 − ☐ = ☐

6 − 2 = ☐     10 − ☐ = ☐

**3**

8 − ☐ = ☐     8 − ☐ = ☐     ☐ − ☐ = ☐     ☐ − ☐ = ☐

**4**

7 − 5 = ☐     5 − 2     8 − 4 = ☐

7 − ☐ = ☐                      ☐ − ☐ = ☐

**5**

8 − 3 = ☐     9 − 7 = ☐     5 − 4 = ☐     10 − ☐ = ☐

8 − ☐ = ☐     ☐ − ☐ = ☐     ☐ − ☐ = ☐     ☐ − ☐ = ☐

42 Aus der Aufgabe 7 − 3 = 4 wird die verwandte Aufgabe 7 − 4 = 3 abgeleitet.
Ist eine Aufgabe gelöst, so kennt man auch das Ergebnis der verwandten Minusaufgabe.

# Ein Bild – vier Aufgaben: Aufgabenfamilien

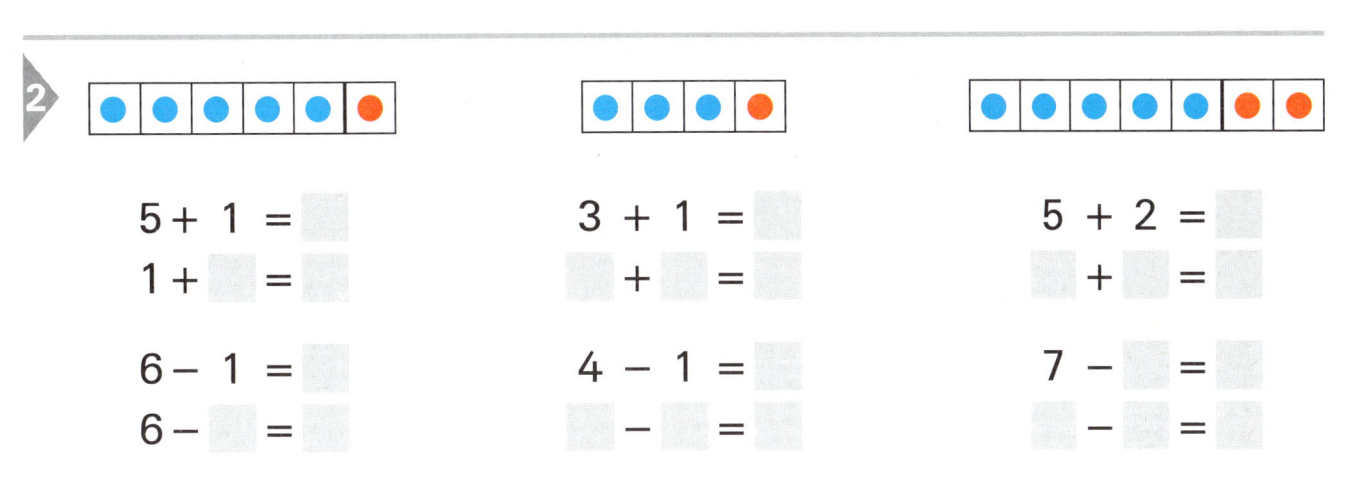

**1**

5 + 3 =   8 − 3 =
3 + 5 =   8 − 5 =

**2**

5 + 1 =      3 + 1 =      5 + 2 =
1 + ___ =    ___ + ___ =  ___ + ___ =

6 − 1 =      4 − 1 =      7 − ___ =
6 − ___ =    ___ − ___ =  ___ − ___ =

**3**

2 + 8 =
___ + ___ =
10 − ___ =
___ − ___ =

5 + 4 =
4 + ___ =
9 − 4 =
9 − ___ =

6 + 1 =
___ + ___ =
___ − ___ =
___ − ___ =

___ + ___ =
___ + ___ =
8 − 6 =
___ − ___ =

Immer vier Aufgaben gehören zusammen.
Ein Bild oder eine Aufgabe reichen aus, um alle Aufgaben einer „Familie" zu finden.

# Vor und zurück an der Zahlenreihe

**1** Immer 1

| 0 | 1 | 2 | 3 |   |   |   |   |   |   |   |   |   |   |

| 13 | 12 | 11 | 10 |   |   |   |   |   |   |   |   |   |   |

4 + 1 =    7 + 1 =    6 − 1 =    7 − 1 =
8 + 1 =    9 + 1 =    4 − 1 =    8 − 1 =

**2** Immer 2

| 0 | 2 | 4 |   |   |   |   |     | 1 | 3 |   |   |   |   |   |

| 14 | 12 |   |   |   |   |   |     | 11 | 9 |   |   |   |   |   |

5 + 2 =    8 + 2 =    6 − 2 =    9 − 2 =
7 + 2 =    6 + 2 =    4 − 2 =    5 − 2 =

**3** Immer 3

| 0 | 3 |   |   |   |   |     | 1 | 4 |   |   |   |   |

| 18 | 15 | 12 |   |   |   |     | 16 | 13 |   |   |   |   |

3 + 3 =    7 + 3 =    10 − 3 =    9 − 3 =
4 + 3 =    6 + 3 =    7 − 3 =    4 − 3 =

**4** Immer 5

| 0 | 5 |   |   |   |   |

| 25 | 20 | 15 |   |   |   |

5 + 5 =    10 − 5 =
4 + 5 =    9 − 5 =
3 + 5 =    8 − 5 =

# Rechnen am Zahlenstrahl

**1**

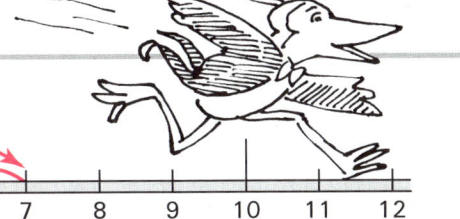

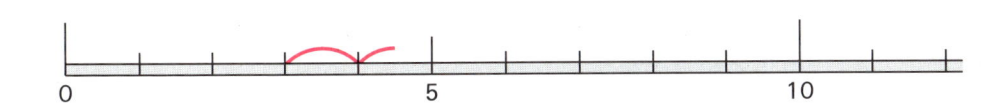

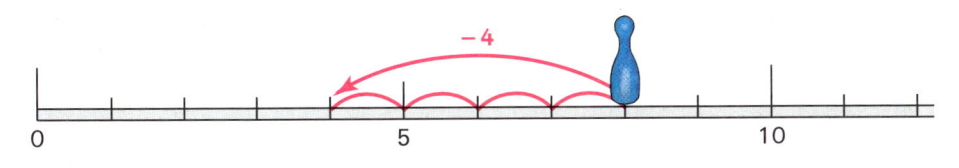

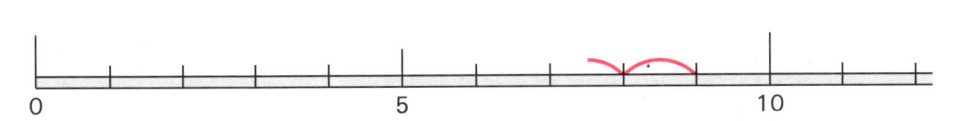

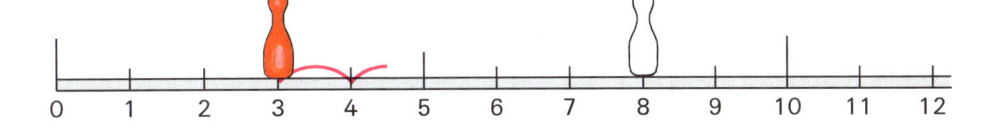

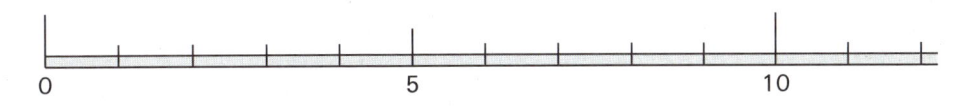

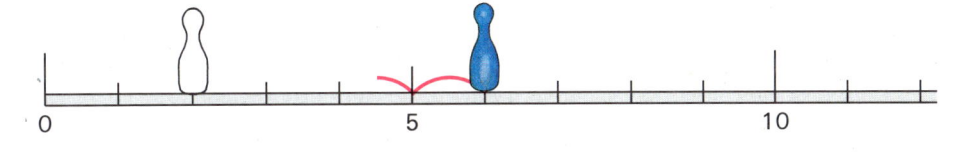

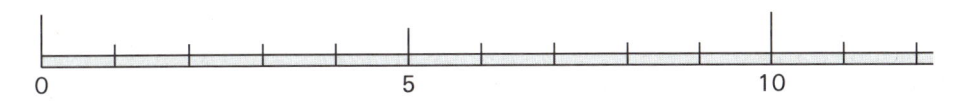

2 + 5 = 

3 + 6 = 

8 − 4 = 

9 − 7 = 

**2**

3 + ☐ = 8

4 + ☐ = 7

6 − ☐ = 2

9 − ☐ = 4

**3**

| 4 + 5 = | 0 + 8 = | 6 − 4 = | 8 − 5 = | 10 − 4 = |
| 2 + 6 = | 1 + 8 = | 8 − 5 = | 9 − 5 = | 6 + 4 = |
| 4 + 3 = | 2 + 8 = | 7 − 6 = | 10 − 5 = | 7 − 7 = |
| 1 + 7 = | 3 + 8 = | 10 − 4 = | 11 − 5 = | 0 + 7 = |

**4**

| 2 + ☐ = 5 | 5 + ☐ = 9 | 7 − ☐ = 4 | 8 − ☐ = 3 | 8 − ☐ = 2 |
| 4 + ☐ = 6 | 4 + ☐ = 10 | 5 − ☐ = 2 | 9 − ☐ = 5 | 2 + ☐ = 8 |
| 3 + ☐ = 7 | 1 + ☐ = 8 | 6 − ☐ = 1 | 10 − ☐ = 7 | 9 − ☐ = 3 |
| 8 + ☐ = 10 | 9 + ☐ = 12 | 8 − ☐ = 5 | 11 − ☐ = 9 | 3 + ☐ = 9 |

Addition und Subtraktion am Zahlenstrahl: In **1** geht man eine bestimmte Anzahl von Schritten vor bzw. zurück, in **2** wird nach der Anzahl der Schritte gefragt. **3** und **4** Alle Aufgaben lassen sich am Zahlenstrahl zeigen.

# Plus und minus – Ergänzen

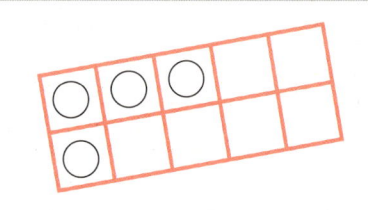

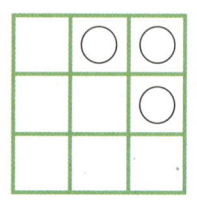

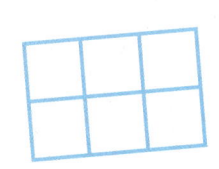

**1**

1 + ☐ = 6
3 + ☐ = 6
0 + ☐ = 6

**2**

4 + ☐ = 10   3 + ☐ = 9   2 + ☐ = 6   5 + ☐ = 8

**3**

3 + 2 = 5     3 + 4 = 7
3 + 5 = 8     3 + 7 = 9
3 + 8 = 10    3 + 6 = 6

**4**

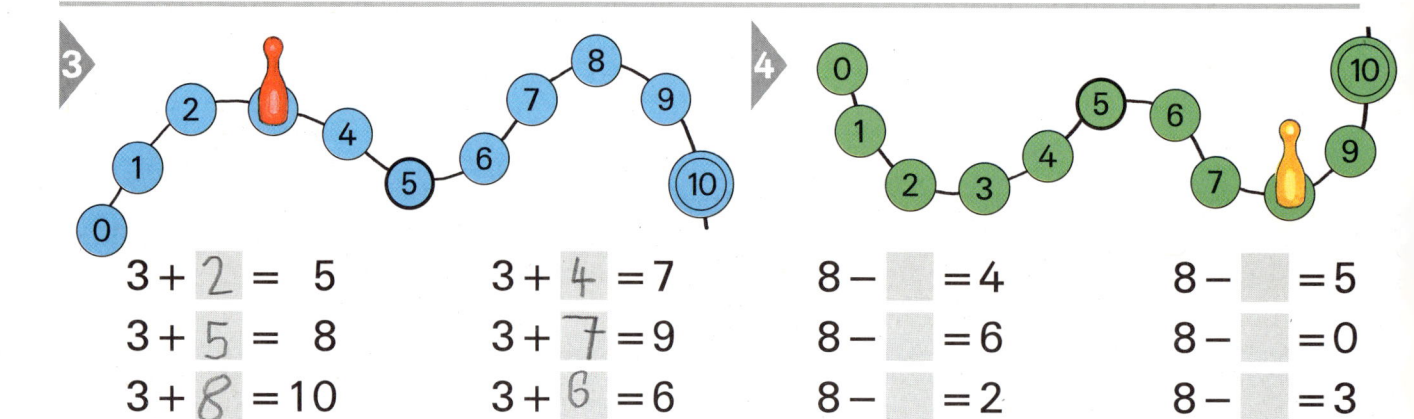

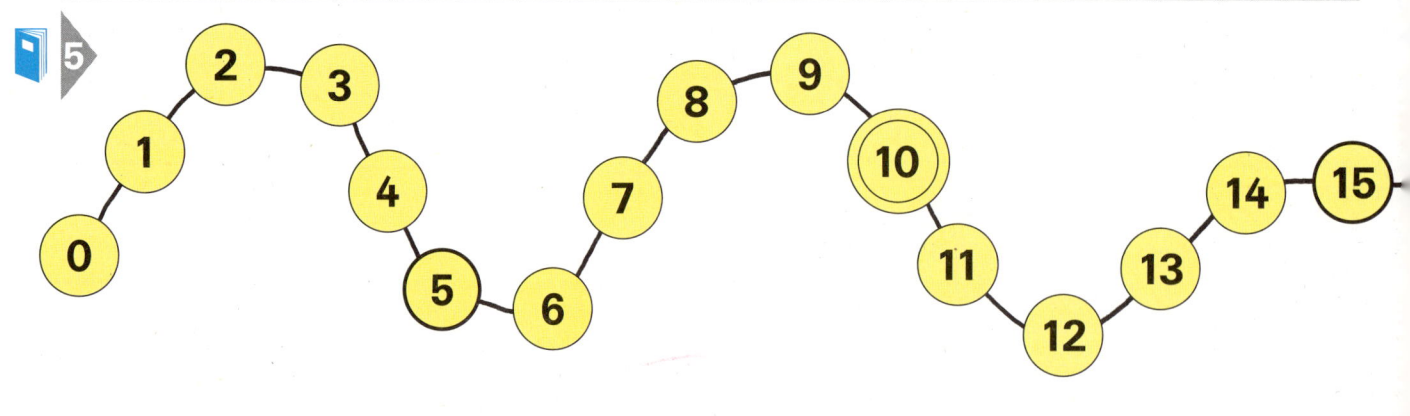

8 − ☐ = 4     8 − ☐ = 5
8 − ☐ = 6     8 − ☐ = 0
8 − ☐ = 2     8 − ☐ = 3

**5**

5 + ☐ = 10   4 + ☐ = 8   7 − ☐ = 2   9 − ☐ = 7   8 + ☐ = 12
1 + ☐ = 10   6 + ☐ = 9   4 − ☐ = 3   3 + ☐ = 9   7 + ☐ = 12
4 + ☐ = 10   1 + ☐ = 7   9 − ☐ = 4   8 − ☐ = 3   10 + ☐ = 13
6 + ☐ = 10   2 + ☐ = 8   5 − ☐ = 2   5 + ☐ = 8   11 − ☐ = 9
2 + ☐ = 10   5 + ☐ = 9   6 − ☐ = 1   6 − ☐ = 6   12 − ☐ = 9
7 + ☐ = 10   1 + ☐ = 4   9 − ☐ = 0   0 + ☐ = 0   15 − ☐ = 10

**46** Die gesuchte Zahl steht jetzt an anderer Stelle. Zeichnerische Lösungshilfen: Wie viele Flaschen fehlen?
**3** und **4** Wie viele Felder muss man auf der Zahlenreihe vor- oder zurückgehen?
**5** An der Zahlenreihe kann über die 10 hinaus gerechnet werden.

# Wiederholung

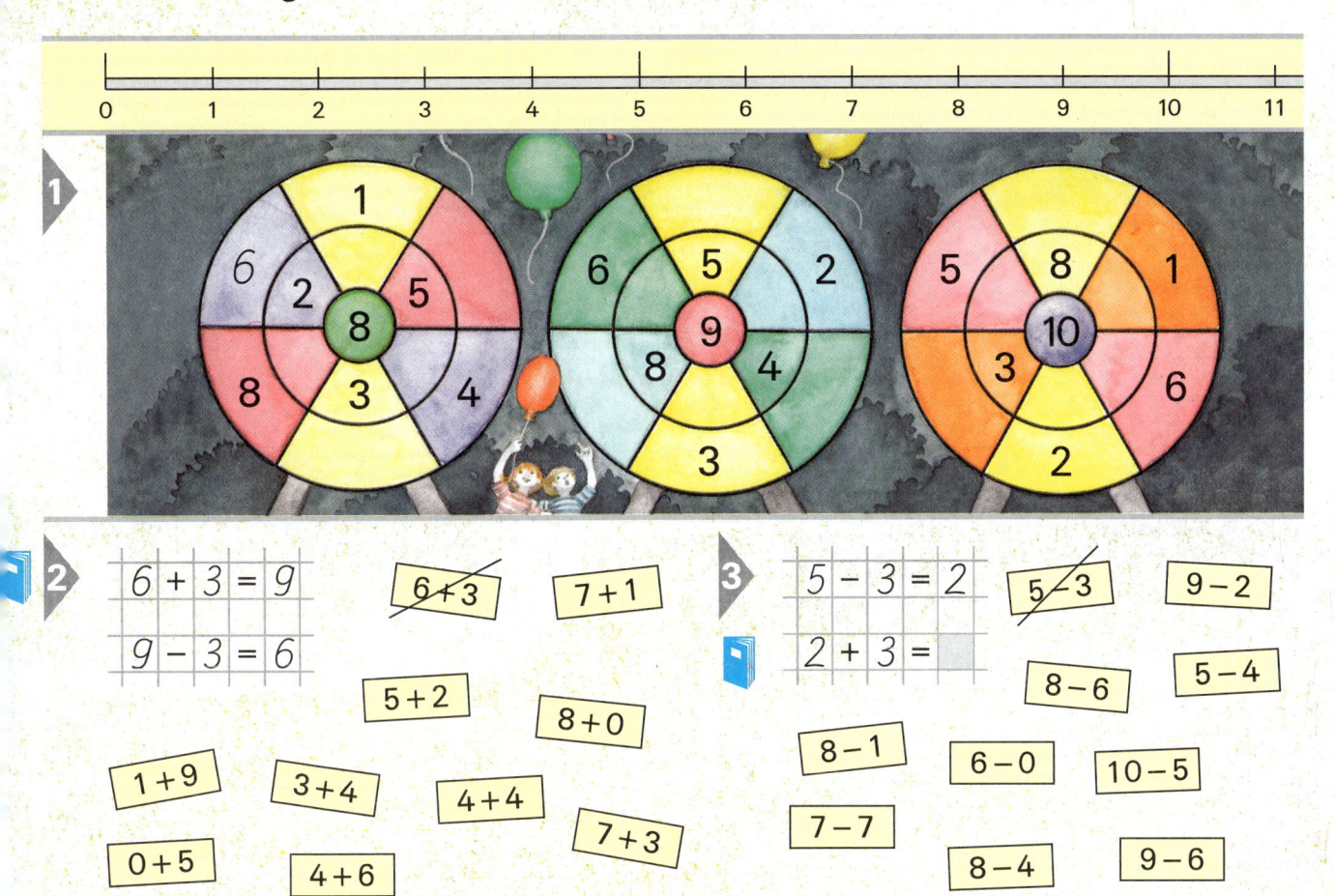

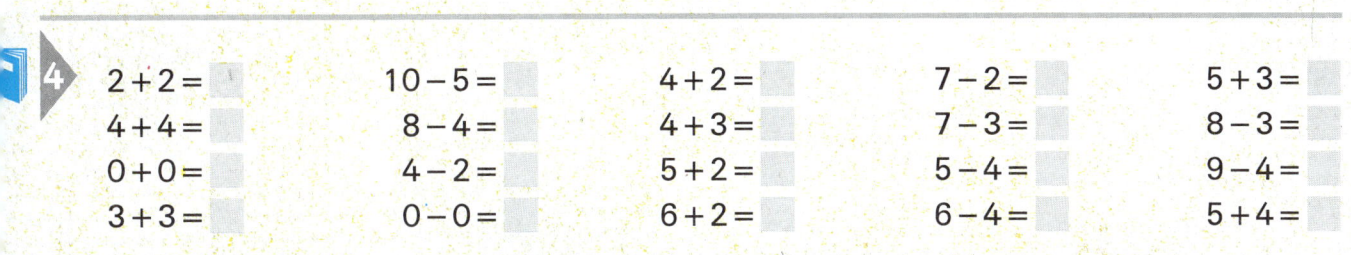

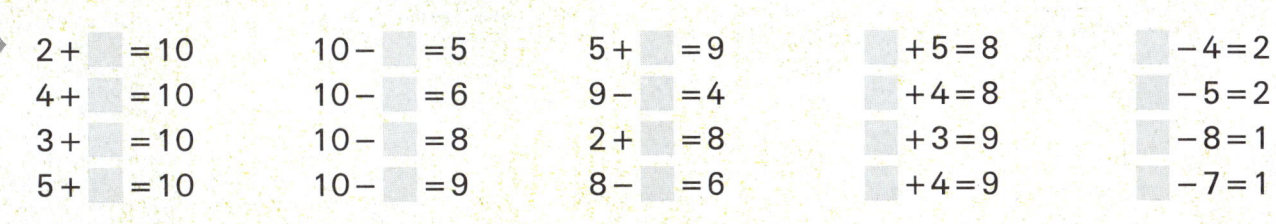

**1** 

**2**
| 6 | + | 3 | = | 9 |
|---|---|---|---|---|
| 9 | − | 3 | = | 6 |

6+3   7+1   5+2   8+0   1+9   3+4   4+4   7+3   0+5   4+6

**3**
| 5 | − | 3 | = | 2 |
|---|---|---|---|---|
| 2 | + | 3 | = |   |

5−3   9−2   8−6   5−4   8−1   6−0   10−5   7−7   8−4   9−6

**4**
2+2 =   10−5 =   4+2 =   7−2 =   5+3 =
4+4 =   8−4 =   4+3 =   7−3 =   8−3 =
0+0 =   4−2 =   5+2 =   5−4 =   9−4 =
3+3 =   0−0 =   6+2 =   6−4 =   5+4 =

**5**
2+ □ =10   10− □ =5   5+ □ =9   □ +5=8   □ −4=2
4+ □ =10   10− □ =6   9− □ =4   □ +4=8   □ −5=2
3+ □ =10   10− □ =8   2+ □ =8   □ +3=9   □ −8=1
5+ □ =10   10− □ =9   8− □ =6   □ +4=9   □ −7=1

**6**  **7**

Es ergeben sich Rechenvorteile, wenn Beziehungen zwischen Einzelaufgaben entdeckt werden.
**6** und **7** Vor der Rechnung wird die „Geschichte" besprochen und die Frage gestellt.

47

# Geld

**1**

**2**

| 2 Euro | 50 Cent | 1 Euro | 1 Euro |
| Euro | Cent | 2 Cent | Euro |
| 10 Cent | 20 Cent | 2 Cent | 1 Cent |
| 5 Cent | 2 Euro | Euro | Cent | Cent |

**3**

Anna ____ Cent
Timo ____ Cent
Sven ____ Cent
Julia ____ Cent

**4**

Jens ____ Euro
Elke ____ Euro
Heike ____ Euro

Wir lernen Münzen und Scheine kennen.
**3** und **4** Die dargestellten Geldbeträge werden errechnet und notiert.

# Rechnen mit Geld

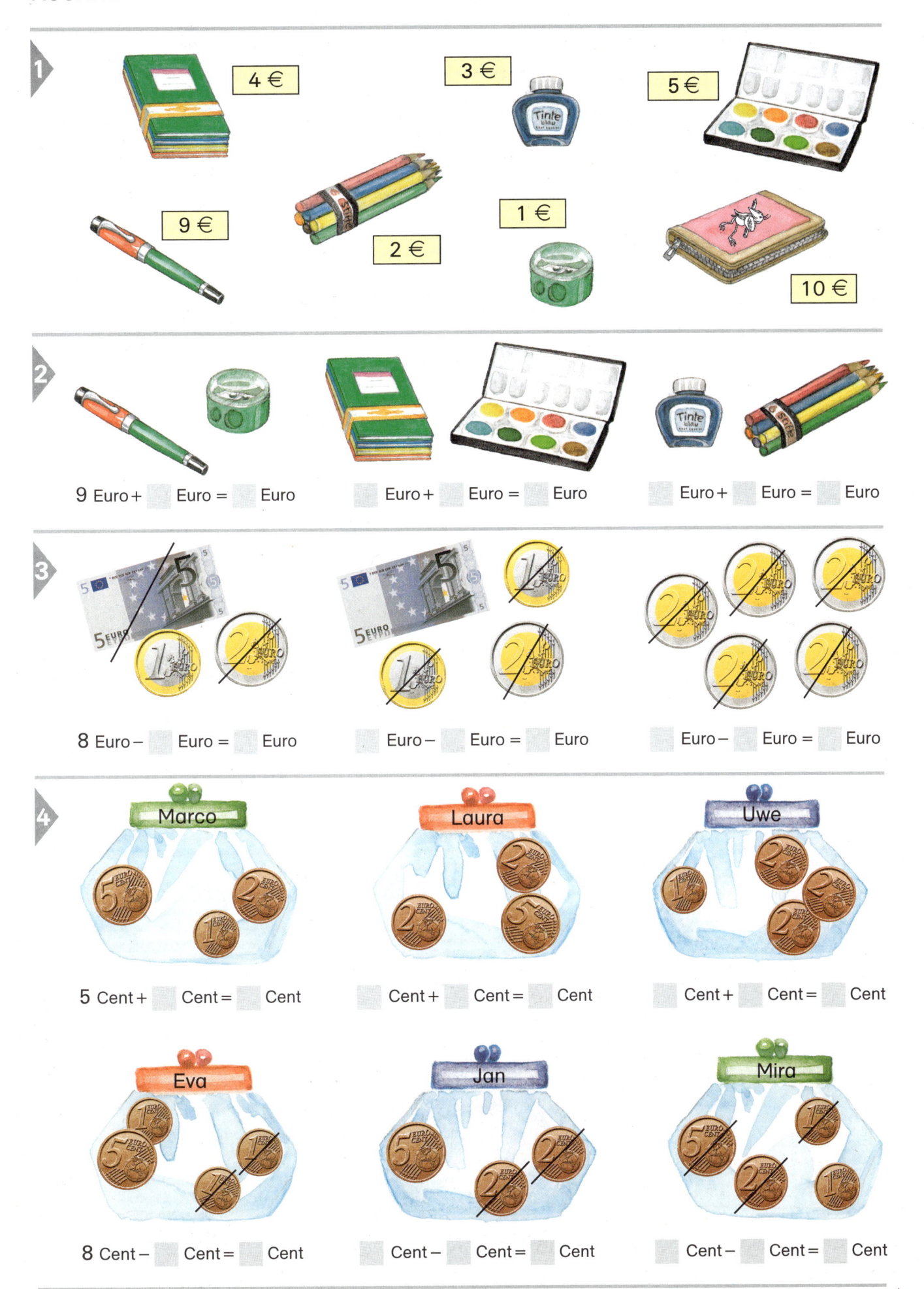

**1.** 4 €   3 €   5 €   9 €   2 €   1 €   10 €

**2.**  9 Euro + ☐ Euro = ☐ Euro   ☐ Euro + ☐ Euro = ☐ Euro   ☐ Euro + ☐ Euro = ☐ Euro

**3.**  8 Euro − ☐ Euro = ☐ Euro   ☐ Euro − ☐ Euro = ☐ Euro   ☐ Euro − ☐ Euro = ☐ Euro

**4.**

Marco   Laura   Uwe

5 Cent + ☐ Cent = ☐ Cent   ☐ Cent + ☐ Cent = ☐ Cent   ☐ Cent + ☐ Cent = ☐ Cent

Eva   Jan   Mira

8 Cent − ☐ Cent = ☐ Cent   ☐ Cent − ☐ Cent = ☐ Cent   ☐ Cent − ☐ Cent = ☐ Cent

1 Über die Preise sprechen. Wie viel kosten die abgebildeten Gegenstände?
3 Welche Gegenstände wurden gekauft? Wie viel Geld bleibt übrig?

# Formen

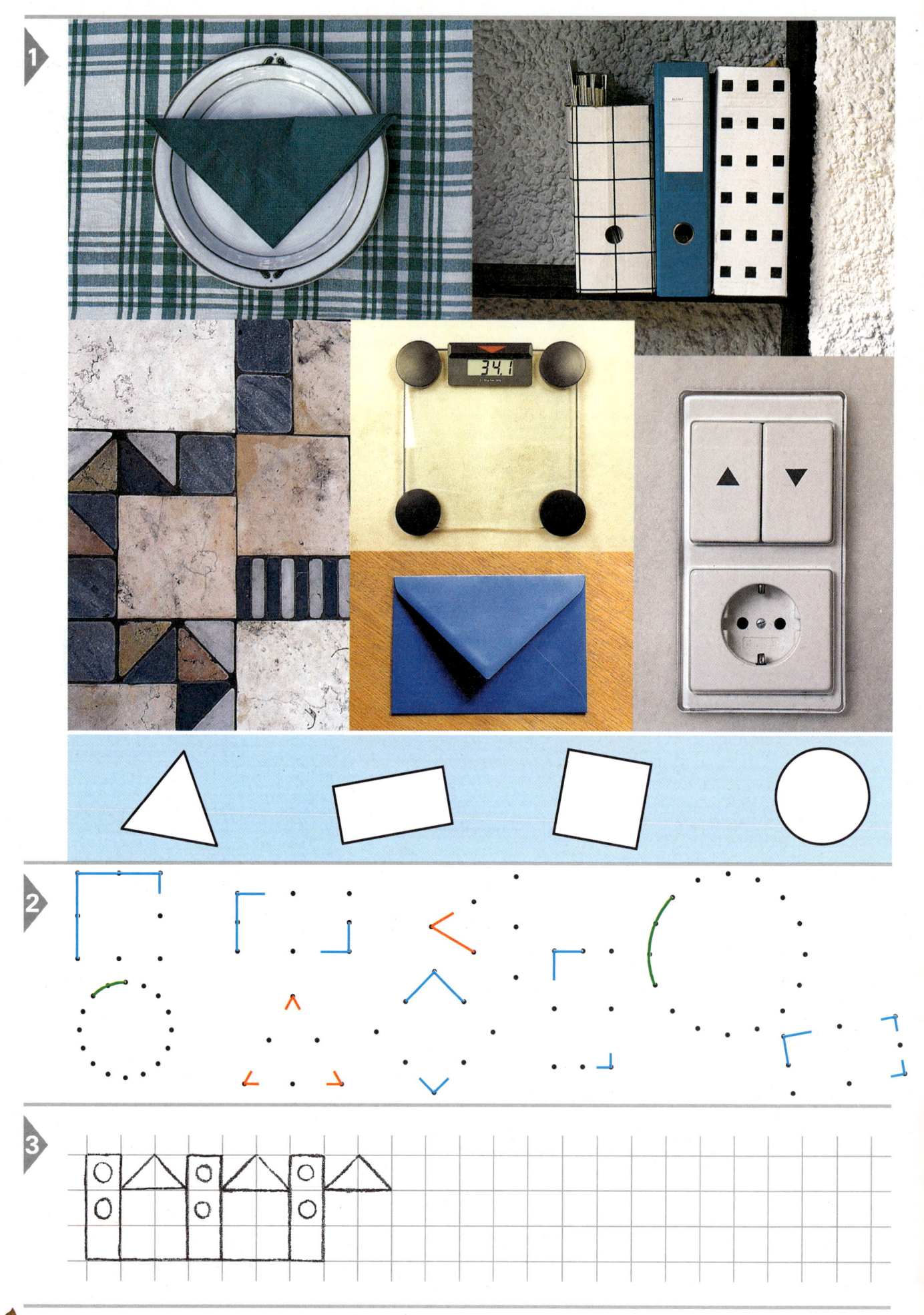

**1** Runde, dreieckige und viereckige Formen erkennen.  **2** Die Formen nachzeichnen.
**3** Muster fortsetzen und ausmalen.

# Kreise, Dreiecke, Vierecke

**1**

**2**

**3**

1 Runde, dreieckige, rechteckige und (als Sonderform des Rechtecks) quadratische Schilder unterscheiden.
2 Muster ausmalen. 3 Pläne für Hüpfspiele („Hinkelstein"). Die Kinder können selbst Spielregeln erfinden.

51

# Figuren aus Stäbchen

**1** Mit Stäbchen oder Strohhalmen Figuren legen. **2** und **3** Mit einer bestimmten Anzahl von Stäbchen verschiedene Figuren legen. **4** bis **6** Figuren aus Dreiecken und Quadraten nach Vorlage legen.
**7** Figuren im Punktgitter nachzeichnen und farbig gestalten.

# Würfel, Kugel

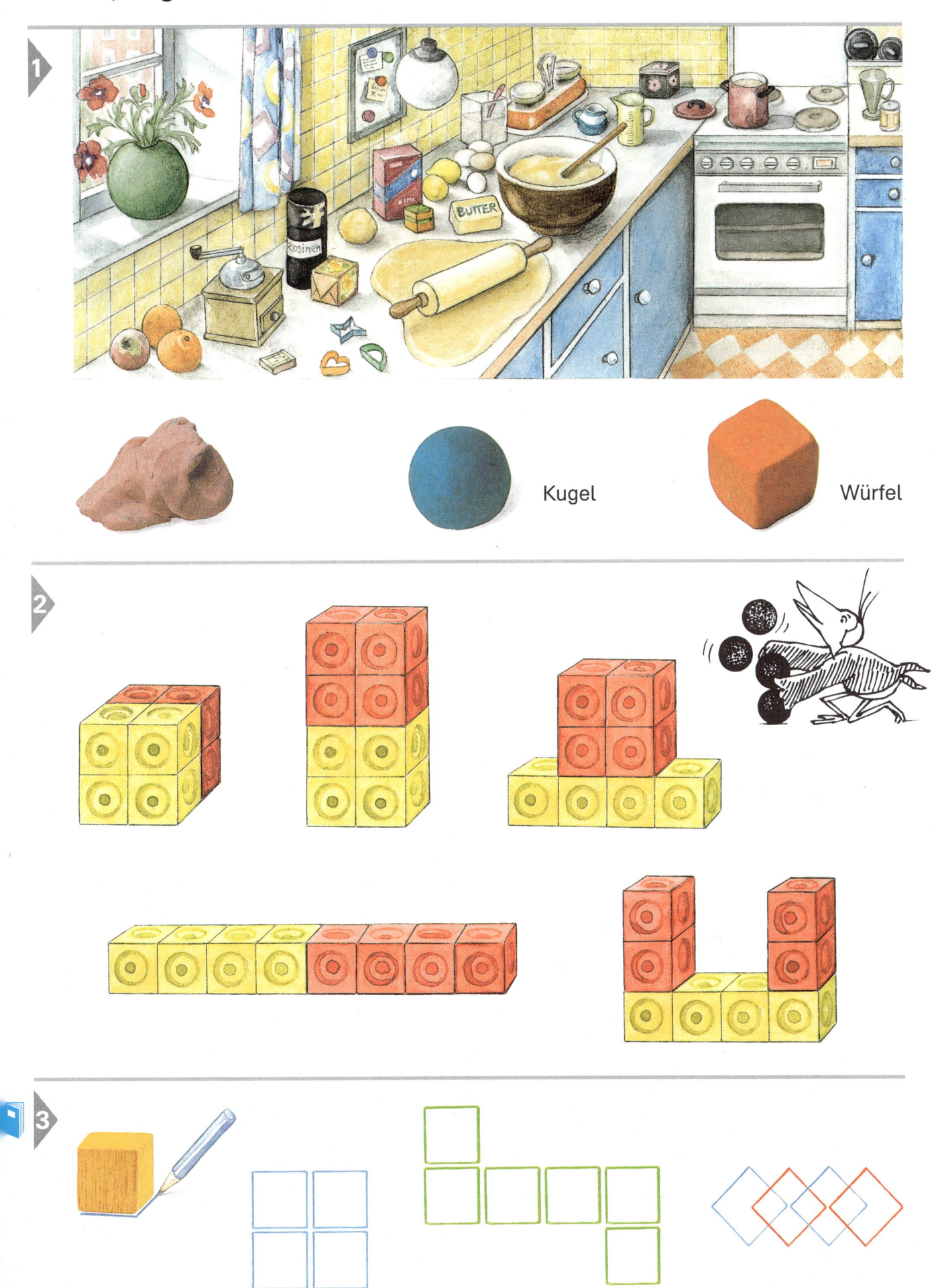

**1**

Kugel    Würfel

**2**

**3**

1 Körperformen unterscheiden (rund, eckig, …). Körper aus Knetmasse herstellen.
2 und 3 Mit Würfeln bauen und zeichnen.

53

# Falten, schneiden und gestalten

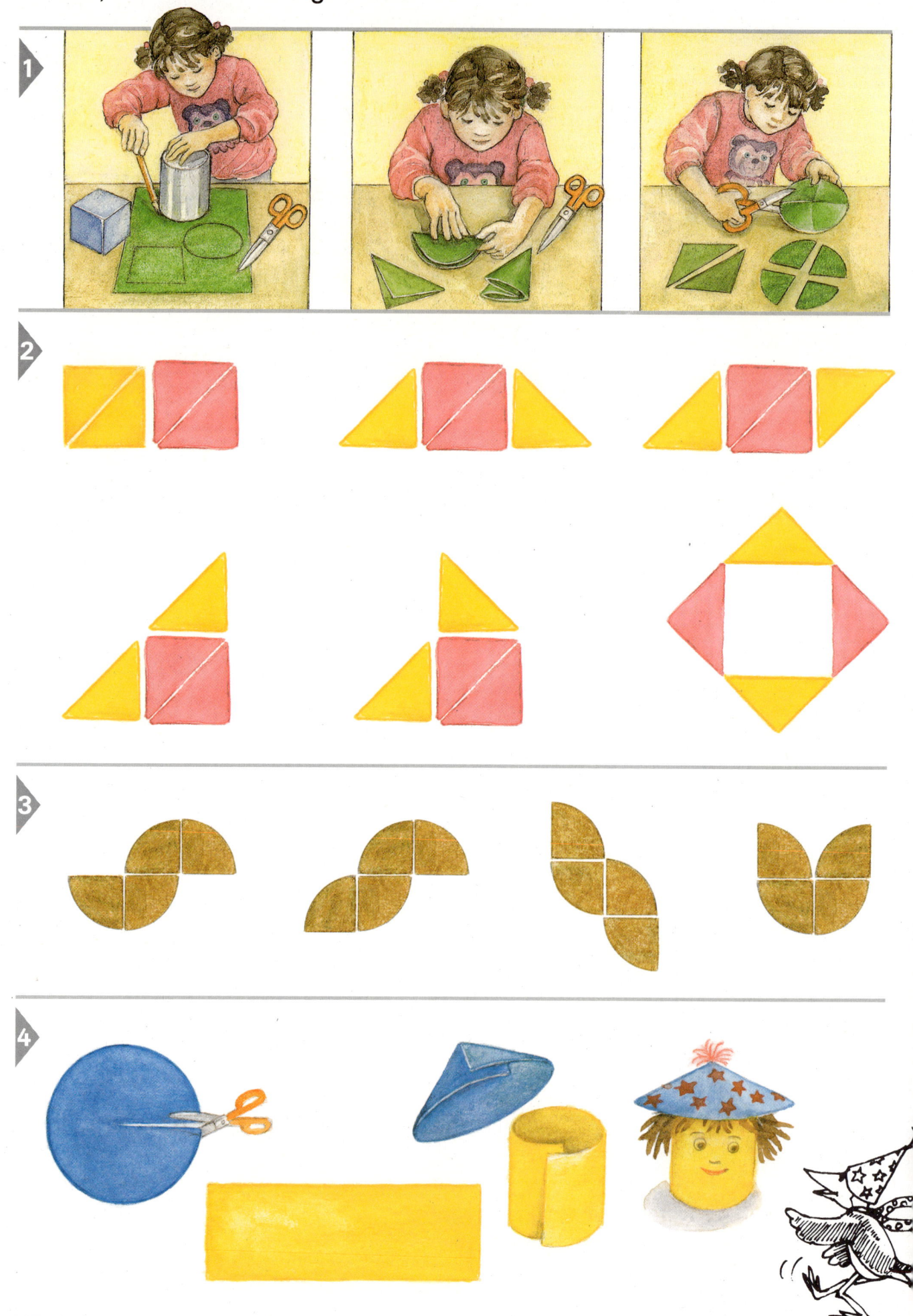

**54**
1 Quadrate und Kreise ausschneiden, falten und zerlegen.
2 und 3 Muster gestalten. 4 Es werden Kegel (Tüten) hergestellt.

# Figuren auslegen

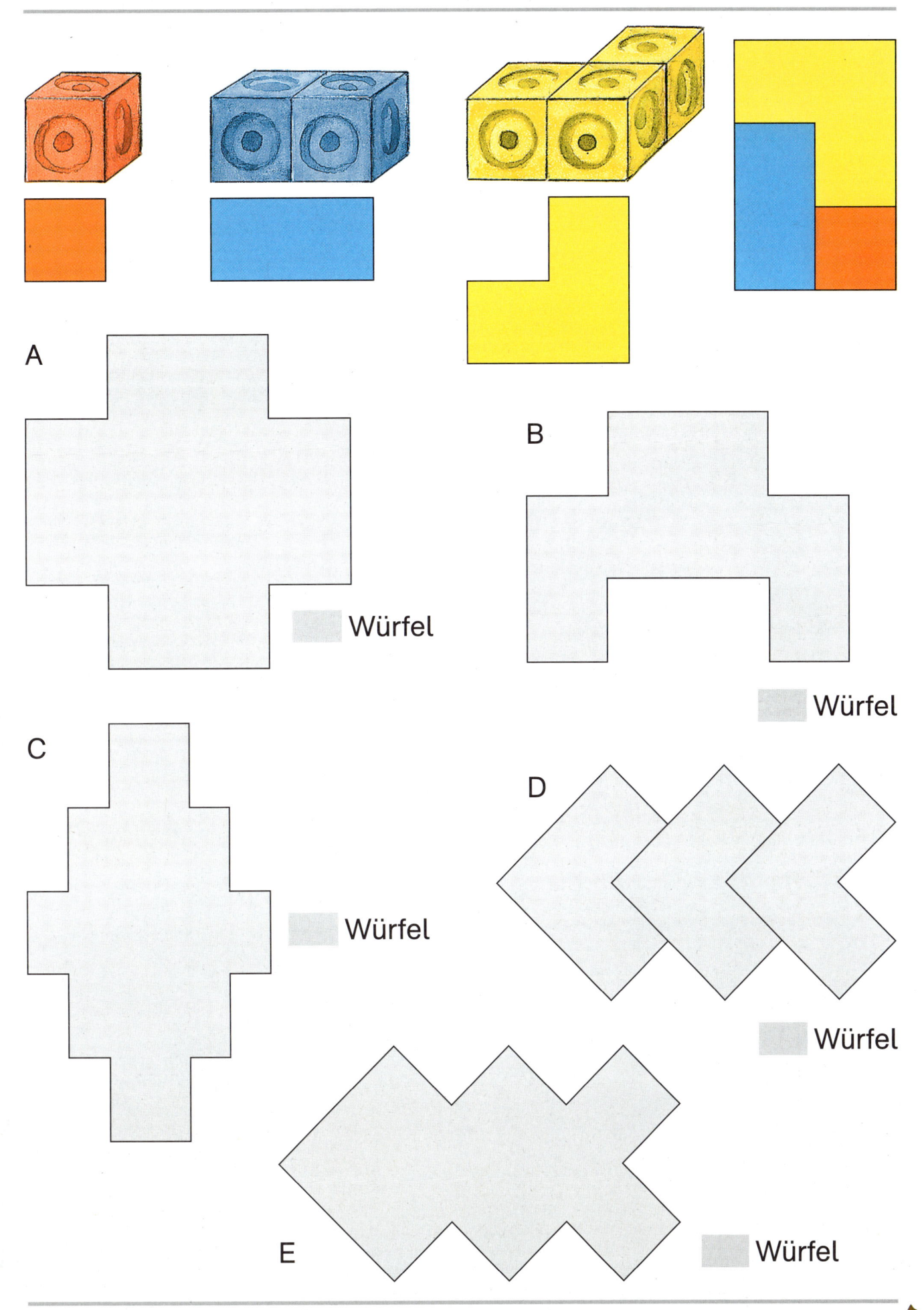

A

B ▢ Würfel

C ▢ Würfel

D ▢ Würfel

E ▢ Würfel

Die Flächen werden mit Würfeln (Quadraten), Stangen (Rechtecken) oder Haken (Winkeln) auf unterschiedliche Art ausgelegt (Verwendung unterschiedlicher Formen und Farben). Die Anzahl jeweils verwendeter Würfel wird ermittelt.

55

# Würfelspiel

**56** Baum (Würfelspiel): Start ist auf der 10. Es wird partnerweise mit nur einem Setzer gespielt und jeweils in Richtung des eigenen Korbes (Tim oder Tine) gezogen. Wer den Setzer in seinen Korb bekommt, hat gewonnen.
Mauer: Die fehlenden Zahlen werden auf die Steine geschrieben.

# Zahlen bis 20

In den Bilddarstellungen sollen die Anzahlen gefunden und notiert werden.

# Zehner und Einer

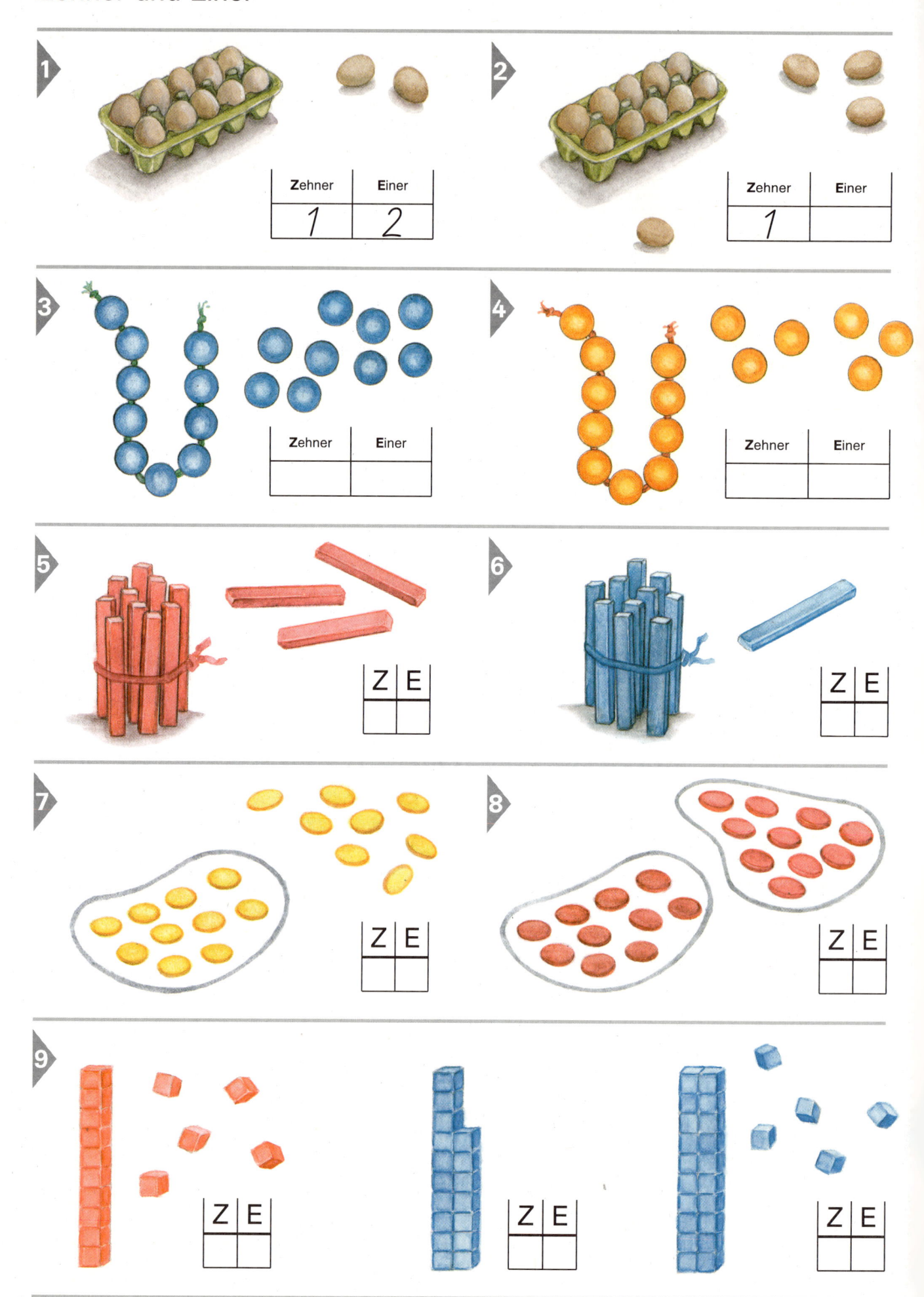

**1** | Zehner: 1 | Einer: 2

**2** | Zehner: 1 | Einer: _

**3** | Zehner: _ | Einer: _

**4** | Zehner: _ | Einer: _

**5** | Z | E

**6** | Z | E

**7** | Z | E

**8** | Z | E

**9** | Z | E    Z | E    Z | E

58 Mit Zehnerbündelungen wird das Verständnis für die Zehner-Einer-Schreibweise der Zahlen bis 20 geweckt. Es sollten Bündelungen mit verschiedenen Materialien durchgeführt und notiert werden.

# Neue Zahlen bilden und zerlegen

**1** *Ich nehme 10 blaue und 3 rote Steckwürfel.*

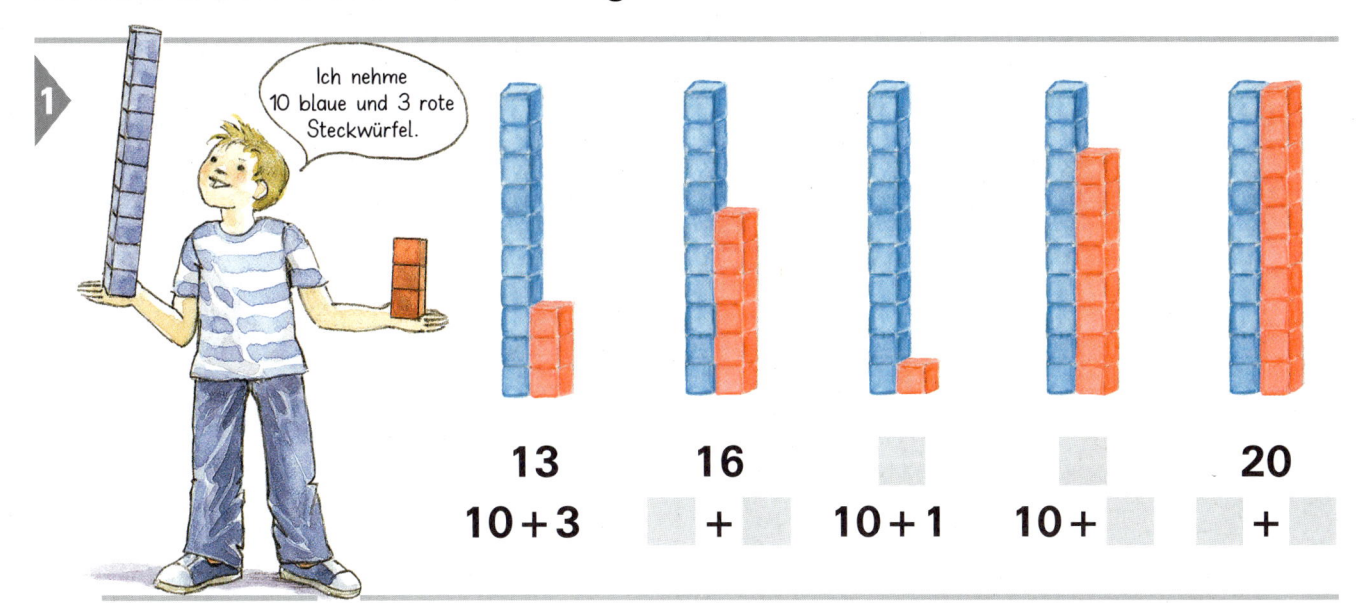

13   16   ☐   ☐   20
10+3   ☐+☐   10+1   10+☐   ☐+☐

**2**

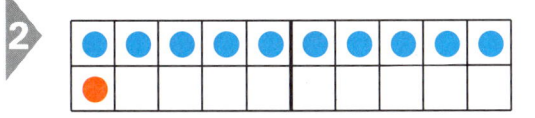

11 = ☐ + ☐

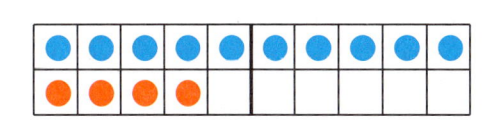

14 = ☐ + ☐

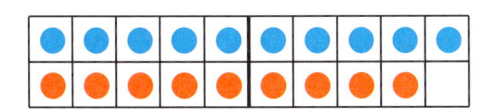

19 = ☐ + ☐

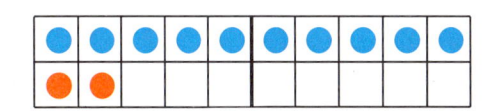

☐ = ☐ + ☐

**3**

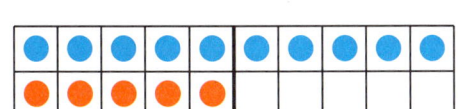

15 = 10 + ☐
15 = ☐ + 4
15 = ☐ + 3
15 = ☐ + 2
15 = ☐ + 1
15 = ☐ + 0

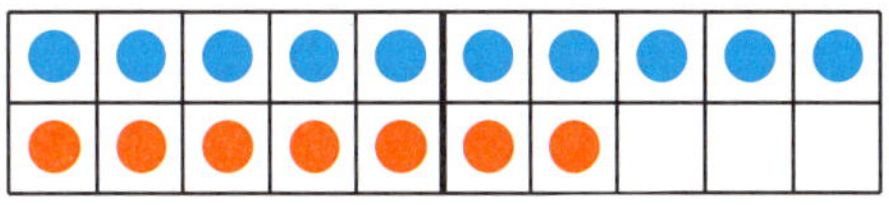

17 = 10 + ☐
17 = ☐ + 6
17 = ☐ + 5
17 = ☐ + 4
17 = ☐ + 3
17 = ☐ + 2

**4**

| | | | |
|---|---|---|---|
| 10 + ☐ = 15 | 10 + ☐ = 16 | ☐ + 7 = 17 | 10 + ☐ = 13 |
| 10 + ☐ = 11 | 10 + ☐ = 17 | ☐ + 2 = 12 | ☐ + 9 = 19 |
| 10 + ☐ = 19 | ☐ + 5 = 15 | ☐ + 10 = 20 | ☐ + ☐ = 18 |
| 10 + 4 = ☐ | ☐ + 9 = 19 | ☐ + ☐ = 16 | ☐ + ☐ = 20 |
| 10 + 8 = ☐ | ☐ + ☐ = 12 | ☐ + ☐ = 14 | ☐ + ☐ = 11 |

Neue Zahlen werden durch Zehner und Einer gebildet.
Die Zerlegung kann in Gleichungsschreibweise geübt werden.

59

# Ordnungszahlen

**1**

**2**

| A | B | C | D | E | F | G | H | I | J | K | L | M |
|---|---|---|---|---|---|---|---|---|---|---|---|---|
| 1. | 2. |  |  | 5. |  |  |  |  | 10. |  | 12. |  |

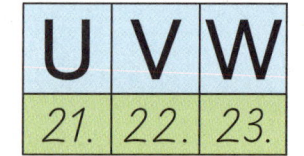

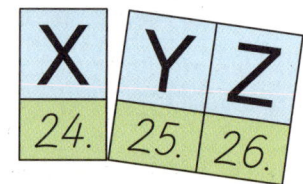

| N | O | P | Q | R | S | T | U | V | W | X | Y | Z |
|---|---|---|---|---|---|---|---|---|---|---|---|---|
| 15. |  |  |  |  | 20. |  | 21. | 22. | 23. | 24. | 25. | 26. |

**3** Wie heißen die Kinder?

- 13. 1. 18. 3. 15.
- 1. 14. 10. 1.
- 19. 22. 5. 14.
- 12. 5. 14. 1.

**4**

| | | |
|---|---|---|
| 9. | 3. | 8. |

| | | | | | |
|---|---|---|---|---|---|
| 19. | 16. | 9. | 5. | 12. | 5. |

| | | | |
|---|---|---|---|
| 7. | 5. | 18. | 14. |

Die Zahlen werden als Ordnungszahlen benutzt um Reihenfolgen festzulegen.
Die Buchstaben des Alphabets aus **2** werden in **3** und **4** eingesetzt.

# Vorgänger – Nachfolger – Nachbarn

**1** Stühle mit Zahlen: 8, 9, 10, _, _, 13, _, 15, _, 17, _, 19, 20

**2**

| 9 | 10 |   |   |   | 15 |
|---|---|---|---|---|---|

|   |   | 16 |   |   | 20 |
|---|---|---|---|---|---|

|   |   | 13 | 14 |   |   |
|---|---|---|---|---|---|

| 18 | 17 |   |   |   | 12 |
|---|---|---|---|---|---|

| 14 |   |   |   |   | 8 |
|---|---|---|---|---|---|

|   |   |   | 18 |   | 15 |
|---|---|---|---|---|---|

**3**

| Vorgänger | | Nachfolger |
|---|---|---|
| 12 | 13 | 14 |
|   | 17 |   |
|   | 15 |   |
|   | 19 |   |
|   | 11 |   |

| V |   | N |
|---|---|---|
|   | 12 |   |
|   |   | 20 |
|   | 14 |   |
| 8 |   |   |
|   |   | 18 |

| V |   | N |
|---|---|---|
| 18 |   |   |
|   |   | 17 |
|   | 10 |   |
| 13 |   |   |
|   |   | 19 |

Zahlenstrahl: 0 ... 5 ... 10 ... 15 ... 20

**4**

| 9 | 10 |   |
|---|---|---|

| 16 | 17 |   |
|---|---|---|

|   | 14 |   |
|---|---|---|

| 18 | 19 |   |
|---|---|---|

|   | 12 |   |
|---|---|---|

|   | 17 |   |
|---|---|---|

|   | 10 |   |
|---|---|---|

|   |   | 19 |
|---|---|---|

|   |   | 15 |
|---|---|---|

|   | 11 |   |
|---|---|---|

|   |   | 20 |
|---|---|---|

|   |   | 16 |
|---|---|---|

|   |   | 12 |
|---|---|---|

|   |   | 19 |
|---|---|---|

|   | 20 |   |
|---|---|---|

| 18 |   |   |
|---|---|---|

Im Zahlenraum bis 20 wird vorwärts und rückwärts gezählt. Die Zahlenfolgen werden notiert.
Vorgänger (**V**) und Nachfolger (**N**) von Zahlen werden gesucht und notiert.

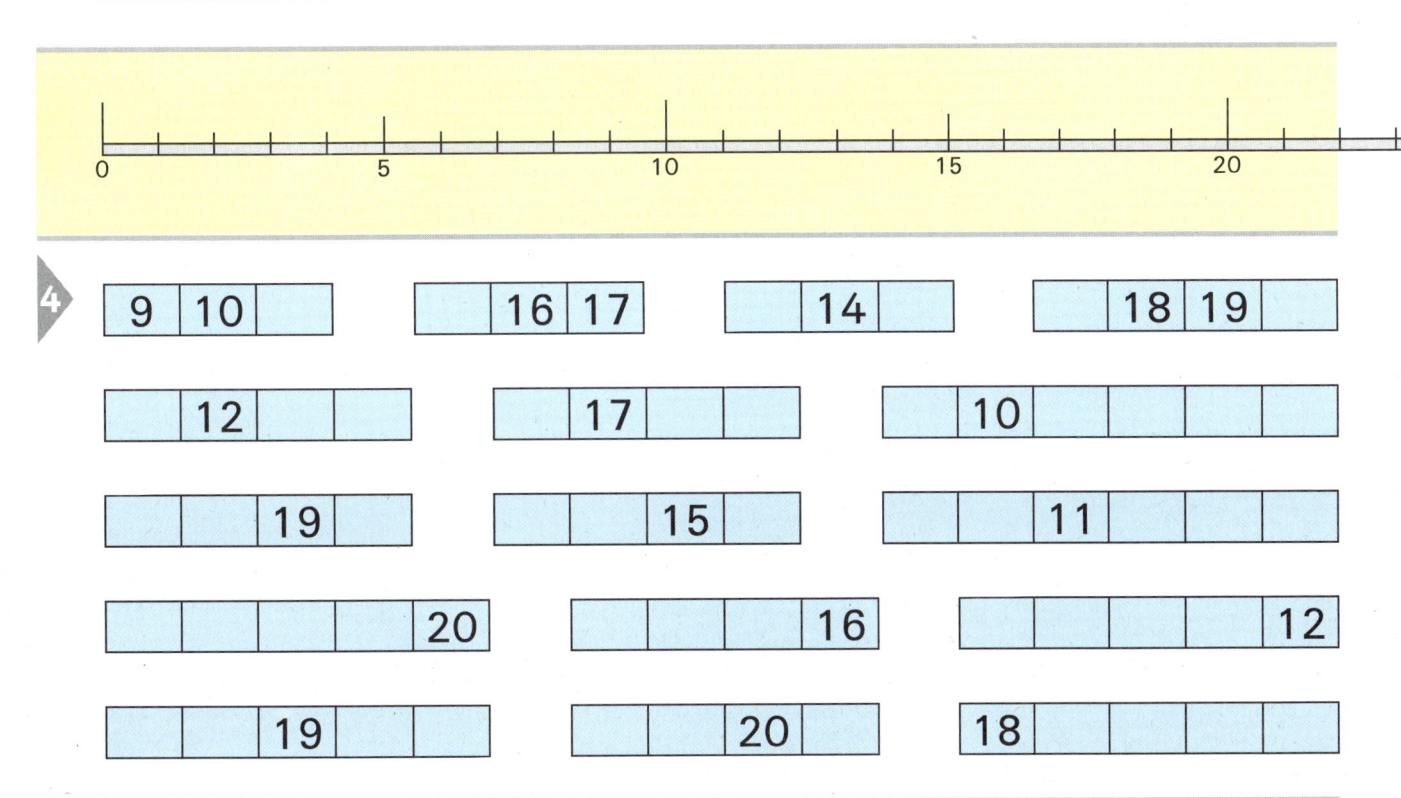

# Größer als – kleiner als – gleich

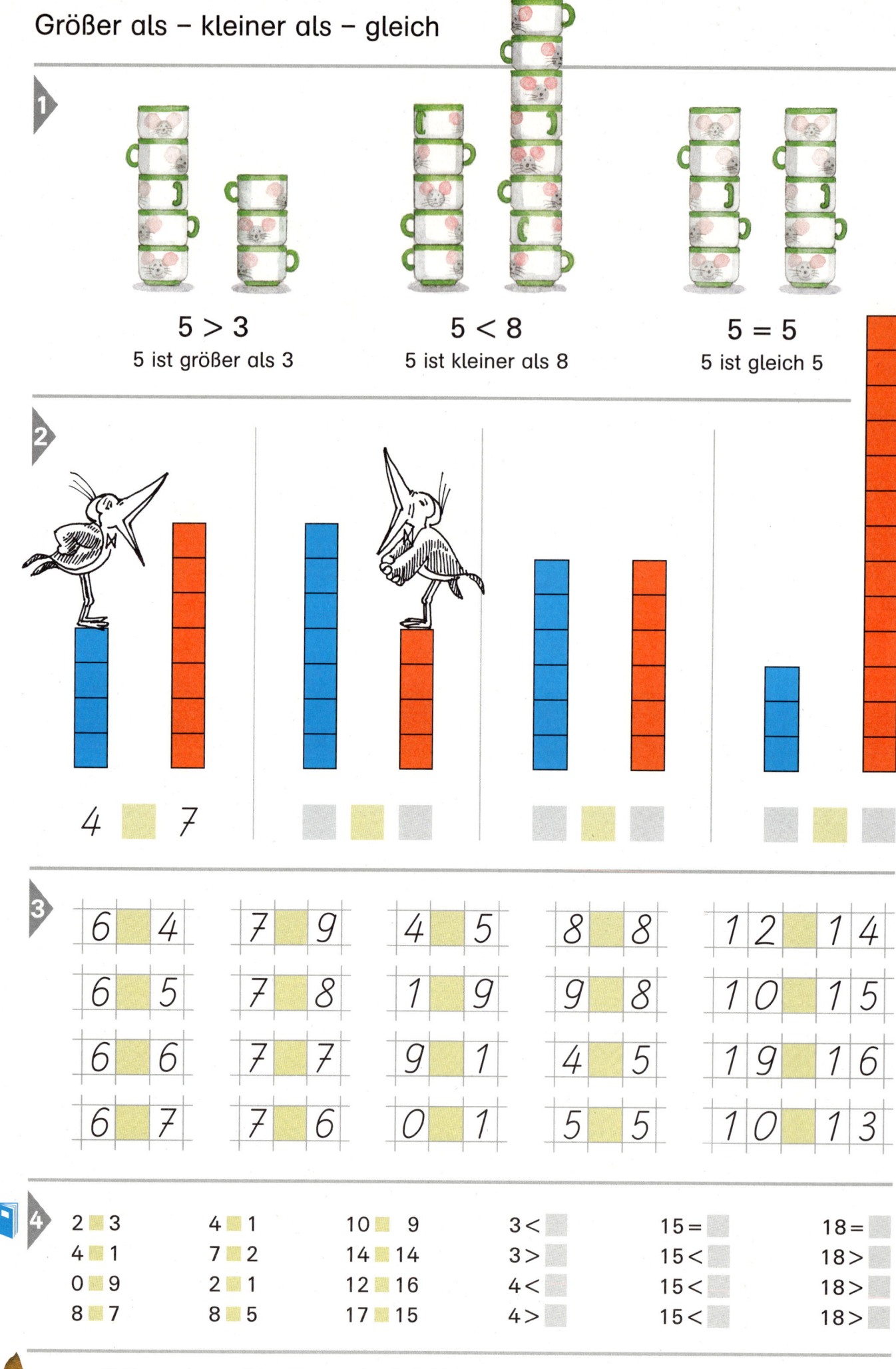

**1**

5 > 3
5 ist größer als 3

5 < 8
5 ist kleiner als 8

5 = 5
5 ist gleich 5

**2**

4 ☐ 7

**3**

| 6 | 4 | 7 | 9 | 4 | 5 | 8 | 8 | 12 | 14 |
| 6 | 5 | 7 | 8 | 1 | 9 | 9 | 8 | 10 | 15 |
| 6 | 6 | 7 | 7 | 9 | 1 | 4 | 5 | 19 | 16 |
| 6 | 7 | 7 | 6 | 0 | 1 | 5 | 5 | 10 | 13 |

**4**

2 ☐ 3   4 ☐ 1   10 ☐ 9   3 < ☐   15 = ☐   18 = ☐
4 ☐ 1   7 ☐ 2   14 ☐ 14  3 > ☐   15 < ☐   18 > ☐
0 ☐ 9   2 ☐ 1   12 ☐ 16  4 < ☐   15 < ☐   18 > ☐
8 ☐ 7   8 ☐ 5   17 ☐ 15  4 > ☐   15 < ☐   18 > ☐

Zahlen werden verglichen. Dazu werden die Zeichen > (… ist größer als …) und < (… ist kleiner als …) eingeführt.

# Zahlen vergleichen

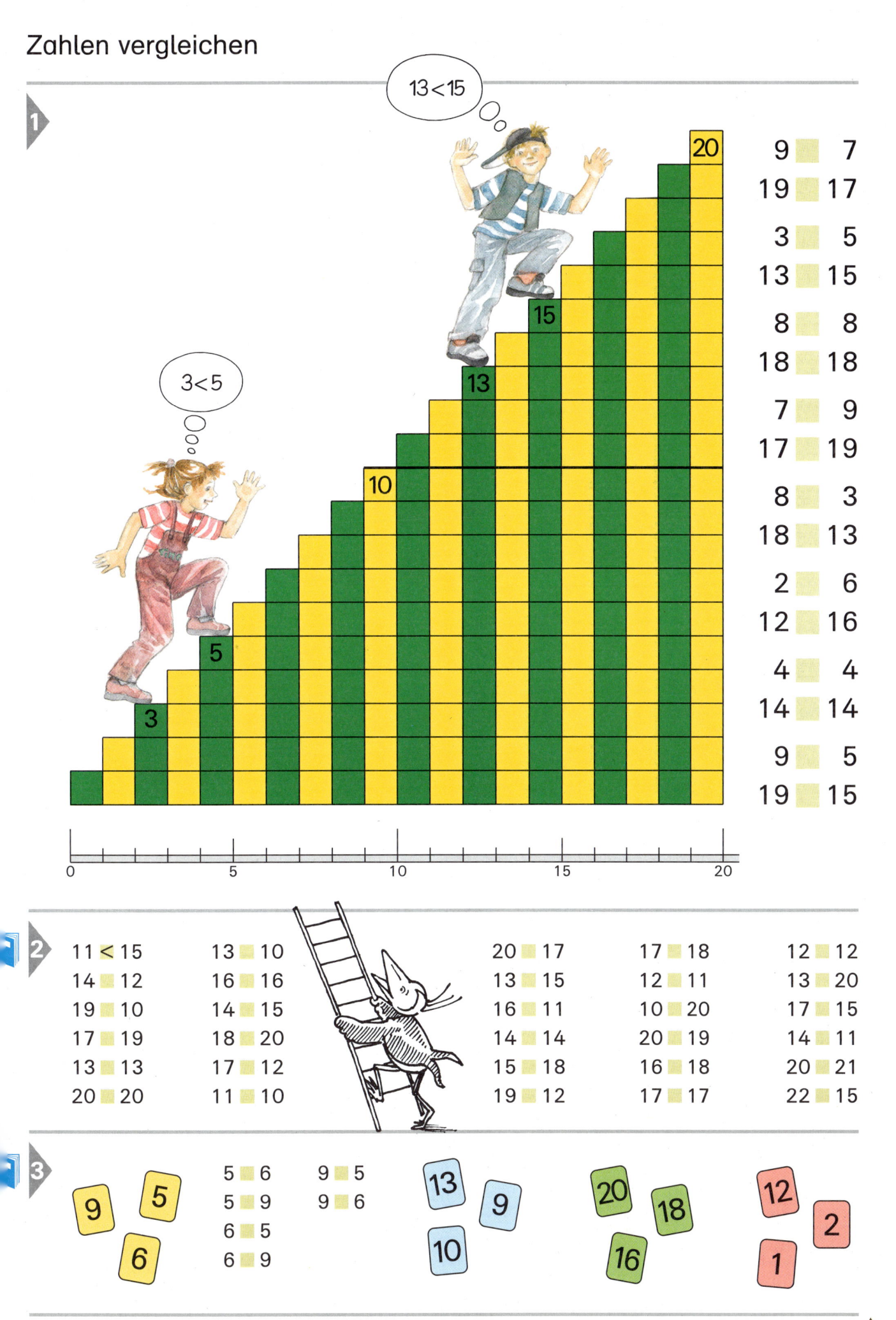

**1)**  13 < 15 ... 3 < 5

| | |
|---|---|
| 9 ☐ 7 | |
| 19 ☐ 17 | |
| 3 ☐ 5 | |
| 13 ☐ 15 | |
| 8 ☐ 8 | |
| 18 ☐ 18 | |
| 7 ☐ 9 | |
| 17 ☐ 19 | |
| 8 ☐ 3 | |
| 18 ☐ 13 | |
| 2 ☐ 6 | |
| 12 ☐ 16 | |
| 4 ☐ 4 | |
| 14 ☐ 14 | |
| 9 ☐ 5 | |
| 19 ☐ 15 | |

**2)**

| | | | | |
|---|---|---|---|---|
| 11 < 15 | 13 ☐ 10 | 20 ☐ 17 | 17 ☐ 18 | 12 ☐ 12 |
| 14 ☐ 12 | 16 ☐ 16 | 13 ☐ 15 | 12 ☐ 11 | 13 ☐ 20 |
| 19 ☐ 10 | 14 ☐ 15 | 16 ☐ 11 | 10 ☐ 20 | 17 ☐ 15 |
| 17 ☐ 19 | 18 ☐ 20 | 14 ☐ 14 | 20 ☐ 19 | 14 ☐ 11 |
| 13 ☐ 13 | 17 ☐ 12 | 15 ☐ 18 | 16 ☐ 18 | 20 ☐ 21 |
| 20 ☐ 20 | 11 ☐ 10 | 19 ☐ 12 | 17 ☐ 17 | 22 ☐ 15 |

**3)**

9  5  6
      6

5 ☐ 6
5 ☐ 9
6 ☐ 5
6 ☐ 9

9 ☐ 5
9 ☐ 6

13  9  10

20  18  16

12  2  1

Die Zahlen bis 20 werden verglichen. Dabei dienen der Rückgriff auf die Zahlen im ersten Zehner sowie die erweiterte Zahlentreppe als Hilfen.
**3** Es lassen sich aus jeweils drei Zahlen sechs Zahlvergleiche bilden.

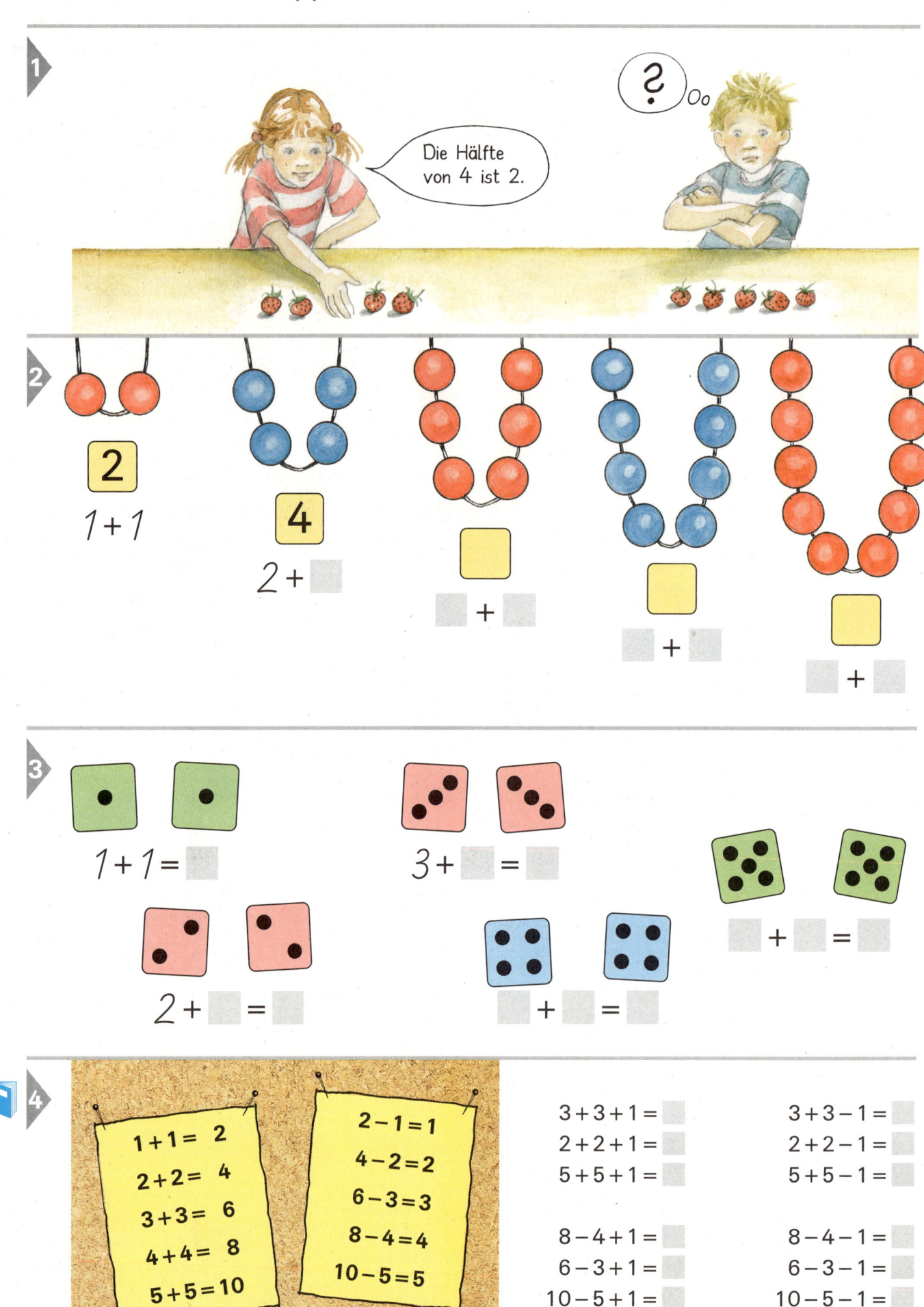

# Halbieren und verdoppeln

**1** Die Hälfte von 4 ist 2.

**2**
2
1+1

4
2+☐

☐
☐+☐

☐
☐+☐

☐
☐+☐

**3**
1+1=☐

2+☐=☐

3+☐=☐

☐+☐=☐

☐+☐=☐

**4**

1+1= 2
2+2= 4
3+3= 6
4+4= 8
5+5=10

2−1=1
4−2=2
6−3=3
8−4=4
10−5=5

3+3+1=☐
2+2+1=☐
5+5+1=☐

8−4+1=☐
6−3+1=☐
10−5+1=☐

3+3−1=☐
2+2−1=☐
5+5−1=☐

8−4−1=☐
6−3−1=☐
10−5−1=☐

In **1** und **2** wird halbiert, die Ketten dienen als Lösungshilfen. **3** Mit Hilfe der Würfelbilder wird verdoppelt. **4** Die Grundaufgaben sollen zum Lösen der Nachbaraufgaben verwendet werden.

# Halbieren und verdoppeln

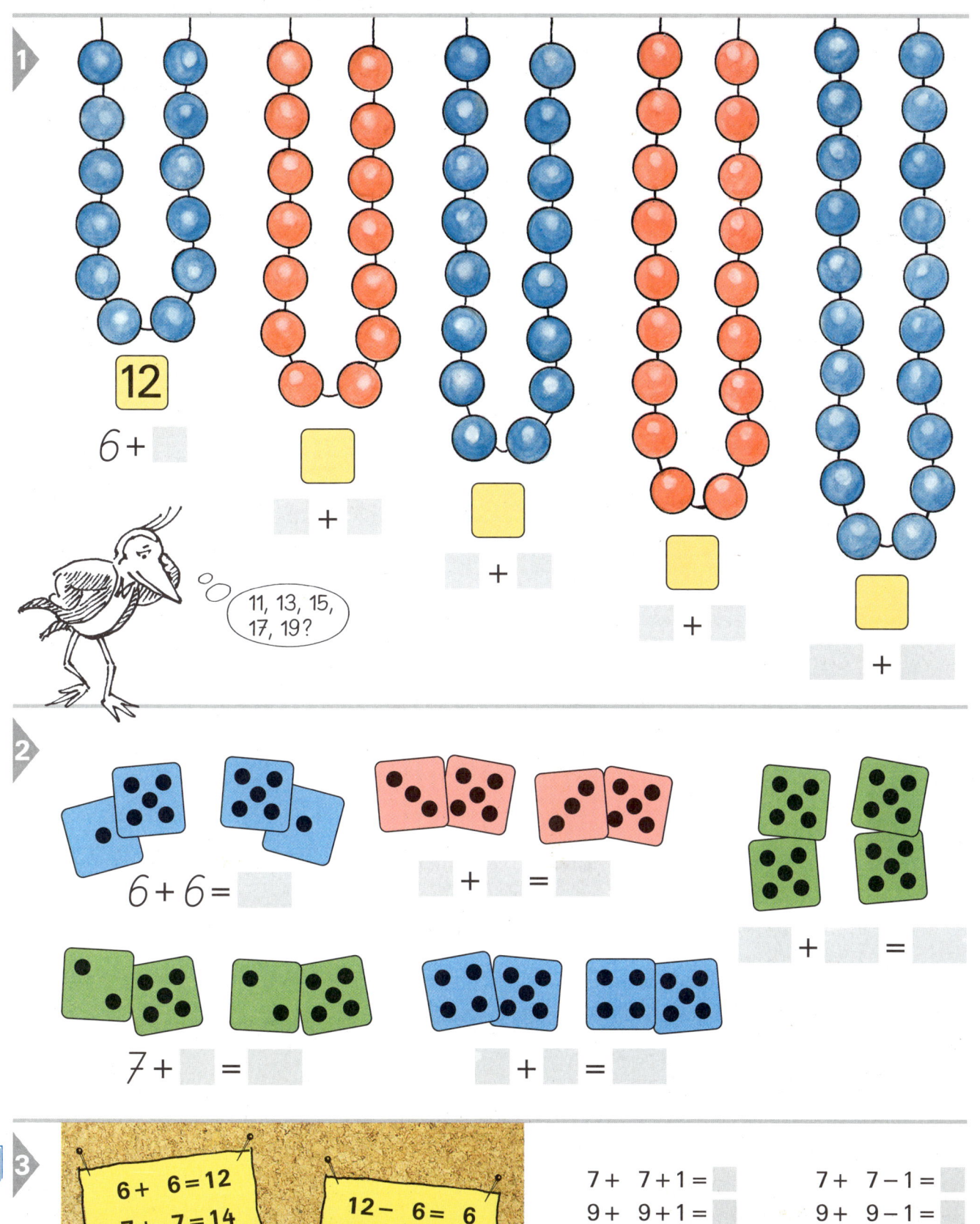

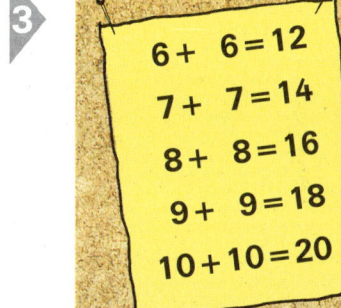

**1**

12

6 + ☐

☐ + ☐

☐

☐ + ☐

☐

☐ + ☐

☐

☐ + ☐

11, 13, 15, 17, 19?

**2**

6 + 6 = ☐

☐ + ☐ = ☐

☐ + ☐ = ☐

7 + ☐ = ☐

☐ + ☐ = ☐

**3**

| 6 + 6 = 12 | 12 − 6 = 6 |
| 7 + 7 = 14 | 14 − 7 = 7 |
| 8 + 8 = 16 | 16 − 8 = 8 |
| 9 + 9 = 18 | 18 − 9 = 9 |
| 10 + 10 = 20 | 20 − 10 = 10 |

7 + 7 + 1 = ☐     7 + 7 − 1 = ☐
9 + 9 + 1 = ☐     9 + 9 − 1 = ☐
6 + 6 + 1 = ☐     6 + 6 − 1 = ☐

20 − 10 + 1 = ☐     20 − 10 − 1 = ☐
16 − 8 + 1 = ☐      16 − 8 − 1 = ☐
18 − 9 + 1 = ☐      18 − 9 − 1 = ☐

In **1** wird zehnerüberschreitend halbiert und in **2** verdoppelt.
**3** Die Grundaufgaben sollen zum Lösen der Nachbaraufgaben verwendet werden.

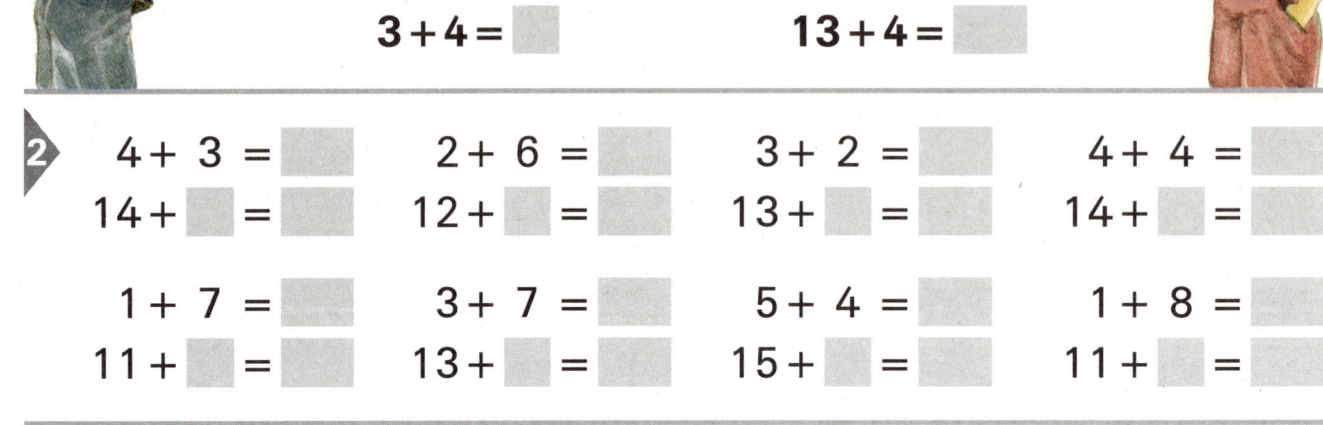

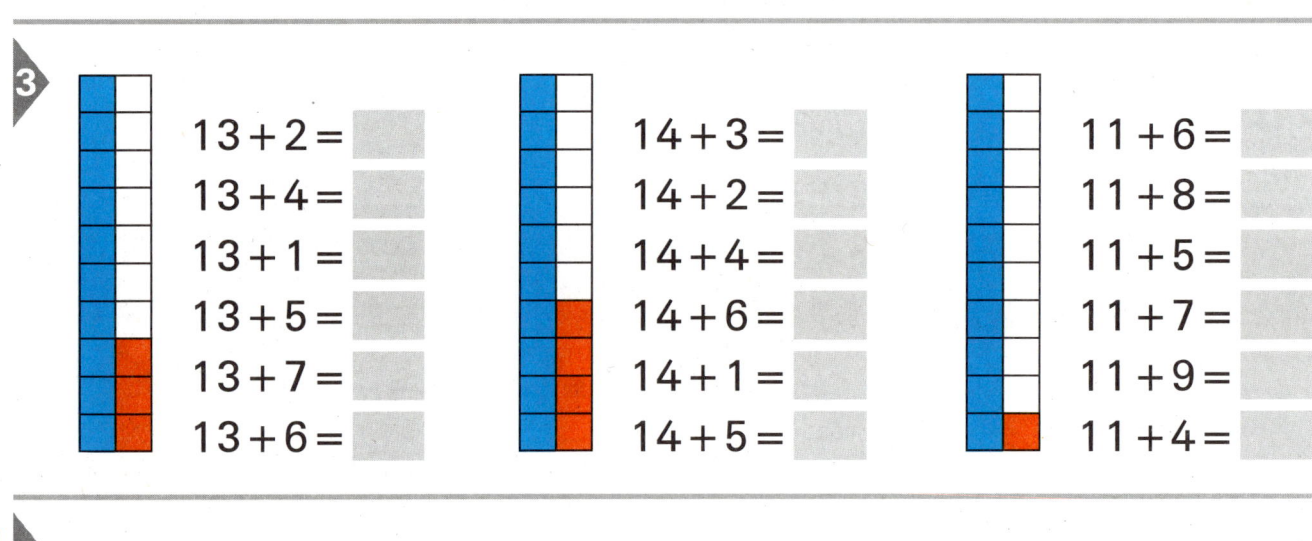

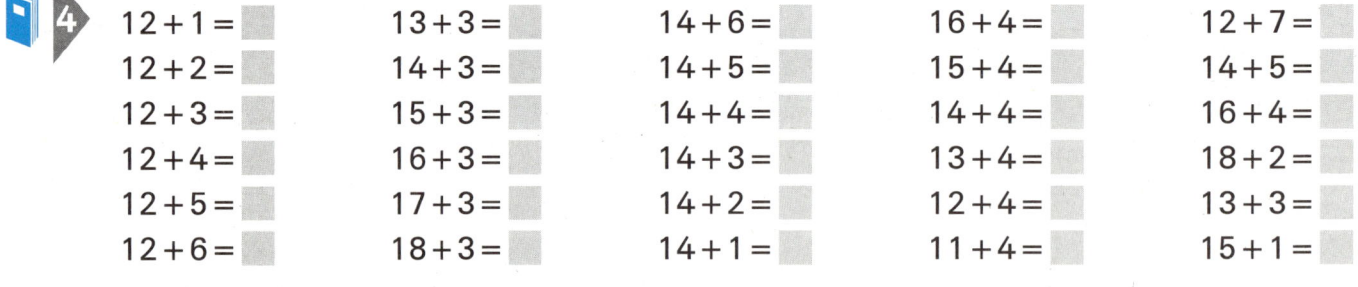

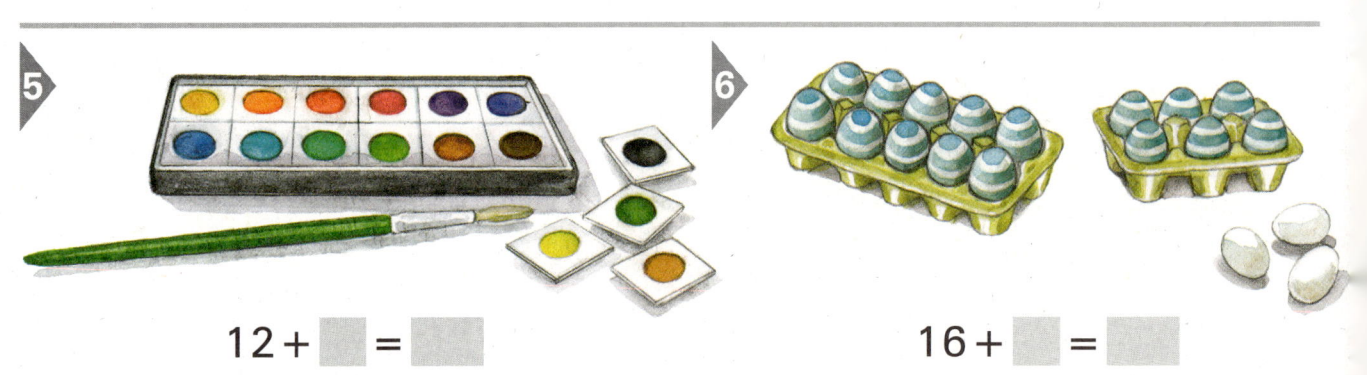

## Plusaufgaben

**1** Wie im ersten Zehner … … so im zweiten.

3 + 4 = ☐    13 + 4 = ☐

**2**
4 + 3 = ☐   2 + 6 = ☐   3 + 2 = ☐   4 + 4 = ☐
14 + ☐ = ☐   12 + ☐ = ☐   13 + ☐ = ☐   14 + ☐ = ☐

1 + 7 = ☐   3 + 7 = ☐   5 + 4 = ☐   1 + 8 = ☐
11 + ☐ = ☐   13 + ☐ = ☐   15 + ☐ = ☐   11 + ☐ = ☐

**3**
13 + 2 = ☐    14 + 3 = ☐    11 + 6 = ☐
13 + 4 = ☐    14 + 2 = ☐    11 + 8 = ☐
13 + 1 = ☐    14 + 4 = ☐    11 + 5 = ☐
13 + 5 = ☐    14 + 6 = ☐    11 + 7 = ☐
13 + 7 = ☐    14 + 1 = ☐    11 + 9 = ☐
13 + 6 = ☐    14 + 5 = ☐    11 + 4 = ☐

**4**
12 + 1 = ☐   13 + 3 = ☐   14 + 6 = ☐   16 + 4 = ☐   12 + 7 = ☐
12 + 2 = ☐   14 + 3 = ☐   14 + 5 = ☐   15 + 4 = ☐   14 + 5 = ☐
12 + 3 = ☐   15 + 3 = ☐   14 + 4 = ☐   14 + 4 = ☐   16 + 4 = ☐
12 + 4 = ☐   16 + 3 = ☐   14 + 3 = ☐   13 + 4 = ☐   18 + 2 = ☐
12 + 5 = ☐   17 + 3 = ☐   14 + 2 = ☐   12 + 4 = ☐   13 + 3 = ☐
12 + 6 = ☐   18 + 3 = ☐   14 + 1 = ☐   11 + 4 = ☐   15 + 1 = ☐

**5** 12 + ☐ = ☐

**6** 16 + ☐ = ☐

Die Addition im zweiten Zehner wird am Zahlenstrahl unter Hinweis auf die Addition im ersten Zehner dargestellt. **3** Steckwürfel dienen als Lösungshilfe.

# Minusaufgaben

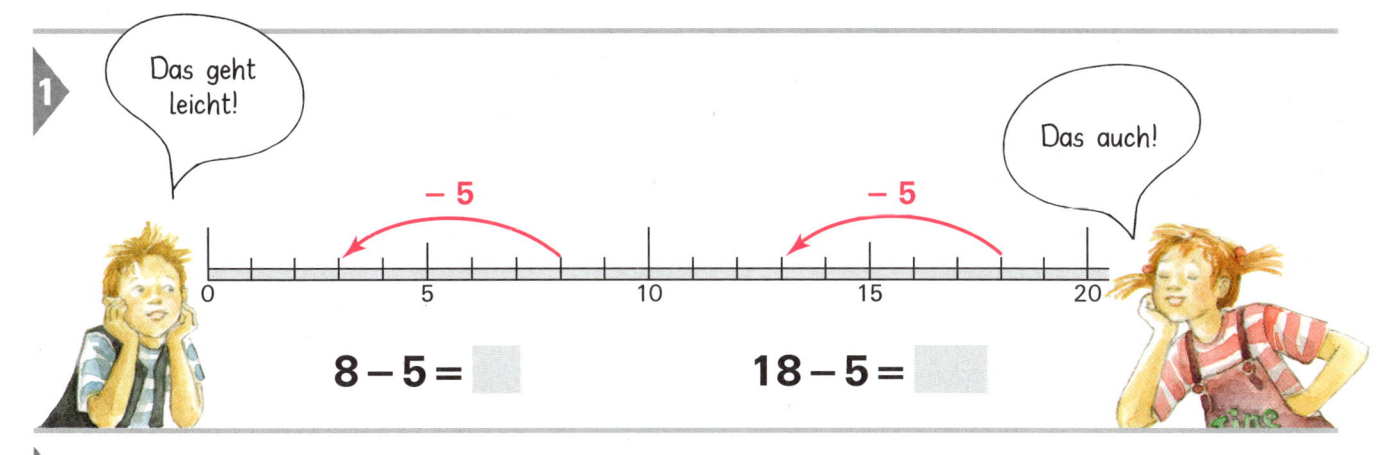

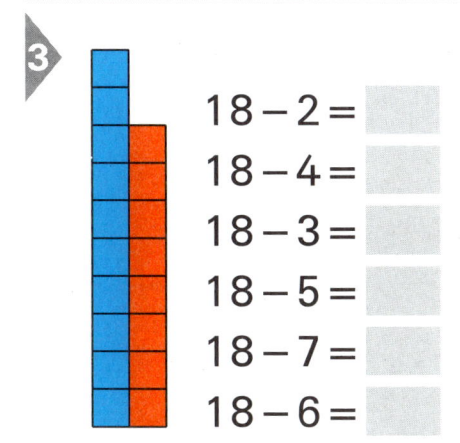

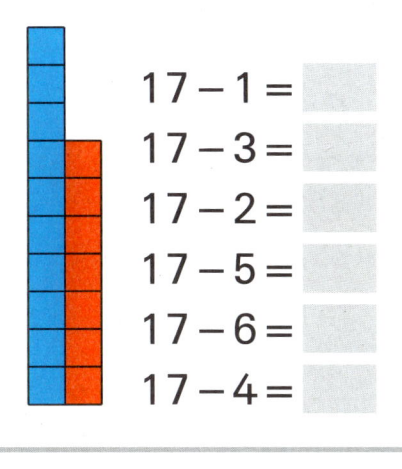

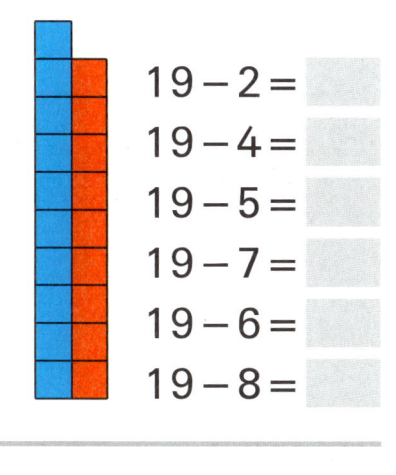

**1** Das geht leicht! — Das auch!

8 − 5 = ☐          18 − 5 = ☐

**2**
7 − 2 =      4 − 3 =      9 − 6 =      5 − 4 =
17 − 2 =     14 − ☐ =     19 − ☐ =     15 − ☐ =

6 − 4 =      8 − 4 =      4 − 4 =      10 − 8 =
16 − ☐ =     18 − ☐ =     14 − ☐ =     20 − ☐ =

**3**
18 − 2 =     17 − 1 =     19 − 2 =
18 − 4 =     17 − 3 =     19 − 4 =
18 − 3 =     17 − 2 =     19 − 5 =
18 − 5 =     17 − 5 =     19 − 7 =
18 − 7 =     17 − 6 =     19 − 6 =
18 − 6 =     17 − 4 =     19 − 8 =

**4**
16 − 1 =     16 − 1 =     20 − 0 =     20 − 2 =     15 − 3 =
16 − 2 =     15 − 1 =     20 − 2 =     19 − 2 =     17 − 5 =
16 − 3 =     14 − 1 =     20 − 4 =     18 − 2 =     19 − 9 =
16 − 4 =     13 − 1 =     20 − 6 =     17 − 2 =     17 − 7 =
16 − 5 =     12 − 1 =     20 − 8 =     16 − 2 =     20 − 7 =
16 − 6 =     11 − 1 =     20 − 10 =    15 − 2 =     18 − 5 =

**5** 12 − 2 = ☐

**6** 18 − ☐ = ☐

Die Subtraktion im zweiten Zehner wird am Zahlenstrahl unter Hinweis auf die Subtraktion im ersten Zehner dargestellt. **3** Steckwürfel dienen als Lösungshilfen.

# Rechenbefehle

**1.**

$3 \xrightarrow{+2} 5$
E    A

**2.**

| 1 | 2 |   | 5 | 4 |   | 12 | 13 |
|---|---|---|---|---|---|----|----|
| 4̶ | 5 | 0 | 3 | 1 | 2 | 15 | 14 | 16 |

$4 \xrightarrow{+2} 6$  $\square \xrightarrow{+4} \square$  $\square \xrightarrow{+3} \square$

$\square \xrightarrow{+2} \square$  $\square \xrightarrow{+4} \square$  $\square \xrightarrow{+3} \square$

$\square \xrightarrow{+2} \square$  $\square \xrightarrow{+4} \square$  $\square \xrightarrow{+3} \square$

$\square \xrightarrow{+2} \square$  $\square \xrightarrow{+4} \square$  $\square \xrightarrow{+3} \square$

$\square \xrightarrow{+2} \square$  $\square \xrightarrow{+4} \square$  $\square \xrightarrow{+3} \square$

**3.**

$5 \xrightarrow{+5} \square$  $11 \xrightarrow{+6} \square$  $18 \xrightarrow{+2} \square$  $17 \xrightarrow{+2} \square$

$7 \xrightarrow{+3} \square$  $11 \xrightarrow{+7} \square$  $12 \xrightarrow{+8} \square$  $16 \xrightarrow{+3} \square$

$6 \xrightarrow{+4} \square$  $14 \xrightarrow{+4} \square$  $10 \xrightarrow{+0} \square$  $15 \xrightarrow{+4} \square$

$9 \xrightarrow{+1} \square$  $13 \xrightarrow{+5} \square$  $0 \xrightarrow{+10} \square$  $14 \xrightarrow{+5} \square$

**4.**

$8 \xrightarrow{\square} 10$   $14 \xrightarrow{\square} 18$

$7 \xrightarrow{\square} 8$   $13 \xrightarrow{\square} 20$

$4 \xrightarrow{\square} 7$   $13 \xrightarrow{\square} 19$

$3 \xrightarrow{\square} 8$   $12 \xrightarrow{\square} 19$

**5.**

+6
| E | A |
|---|---|
| 2 |   |
| 4 |   |
| 0 |   |
| 3 |   |
| 1 |   |

+5
| E | A |
|---|---|
| 15 |  |
| 13 |  |
| 12 |  |
| 14 |  |
| 11 |  |

Ein Zahlenkärtchen wird gedanklich in die „Maschine" gegeben (Eingabe), die einen Rechenbefehl ausführt und das passende Kärtchen ausgibt (Ausgabe).

# Rechenbefehle

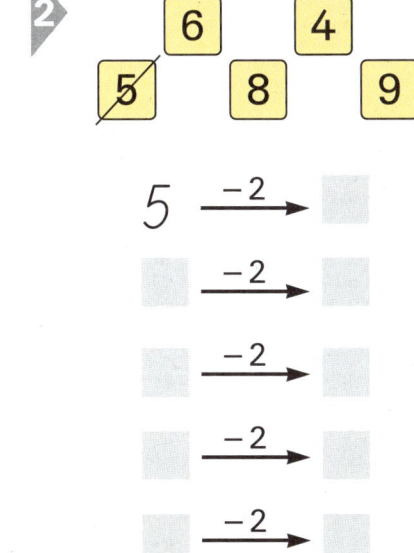

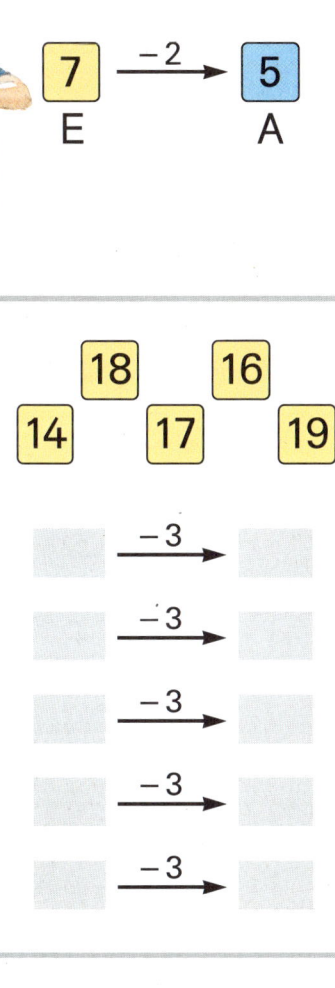

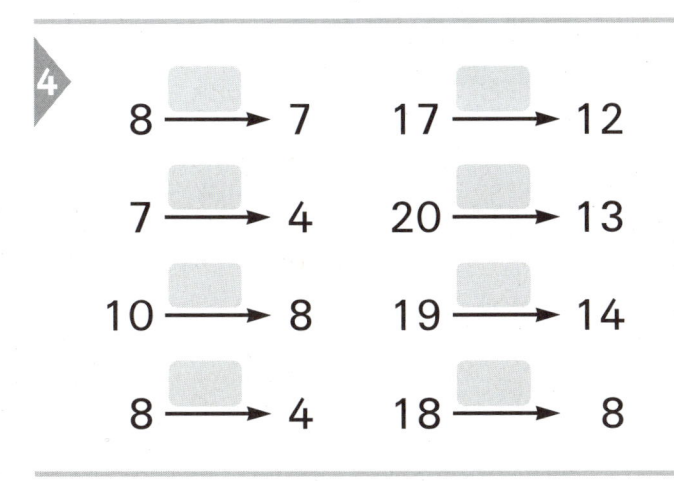

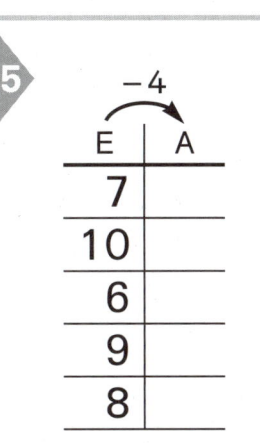

**1**

$7 \xrightarrow{-2} 5$
E       A

**2**

| 5 | 6 | 4 |
|---|---|---|
|   | 8 | 9 |

$5 \xrightarrow{-2} \square$
$\square \xrightarrow{-2} \square$
$\square \xrightarrow{-2} \square$
$\square \xrightarrow{-2} \square$
$\square \xrightarrow{-2} \square$

| 4 | 8 |   |
|---|---|---|
| 6 | 5 | 9 |

$\square \xrightarrow{-4} \square$
$\square \xrightarrow{-4} \square$
$\square \xrightarrow{-4} \square$
$\square \xrightarrow{-4} \square$
$\square \xrightarrow{-4} \square$

|    | 18 | 16 |
|----|----|----|
| 14 | 17 | 19 |

$\square \xrightarrow{-3} \square$
$\square \xrightarrow{-3} \square$
$\square \xrightarrow{-3} \square$
$\square \xrightarrow{-3} \square$
$\square \xrightarrow{-3} \square$

**3**

$10 \xrightarrow{-2} \square$   $20 \xrightarrow{-8} \square$   $19 \xrightarrow{-7} \square$   $20 \xrightarrow{-9} \square$

$9 \xrightarrow{-1} \square$   $17 \xrightarrow{-4} \square$   $17 \xrightarrow{-5} \square$   $19 \xrightarrow{-8} \square$

$5 \xrightarrow{-3} \square$   $15 \xrightarrow{-2} \square$   $20 \xrightarrow{-7} \square$   $18 \xrightarrow{-7} \square$

$5 \xrightarrow{-5} \square$   $15 \xrightarrow{-0} \square$   $20 \xrightarrow{-5} \square$   $17 \xrightarrow{-6} \square$

**4**

$8 \xrightarrow{\square} 7$   $17 \xrightarrow{\square} 12$

$7 \xrightarrow{\square} 4$   $20 \xrightarrow{\square} 13$

$10 \xrightarrow{\square} 8$   $19 \xrightarrow{\square} 14$

$8 \xrightarrow{\square} 4$   $18 \xrightarrow{\square} 8$

**5**

| E ($-4$) | A |
|---|---|
| 7 |   |
| 10 |   |
| 6 |   |
| 9 |   |
| 8 |   |

| E ($-7$) | A |
|---|---|
| 18 |   |
| 17 |   |
| 20 |   |
| 19 |   |
| 16 |   |

Rechenbefehle mit „minus".

# Treppen

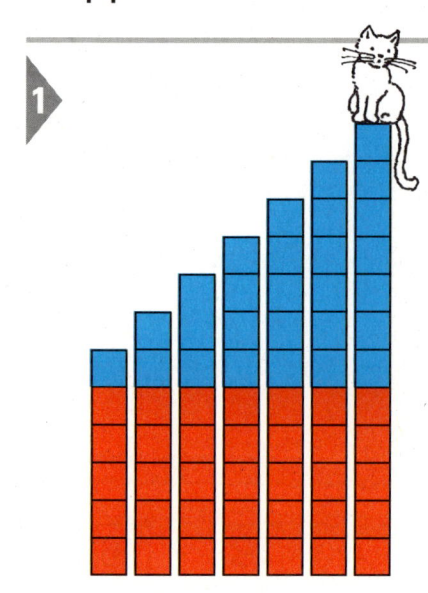

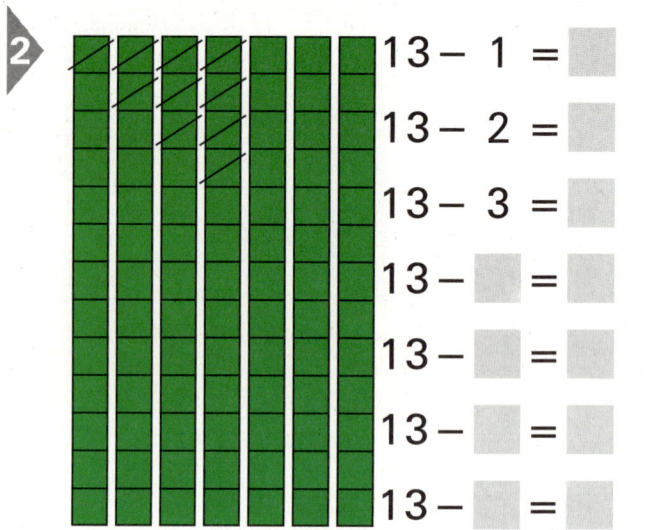

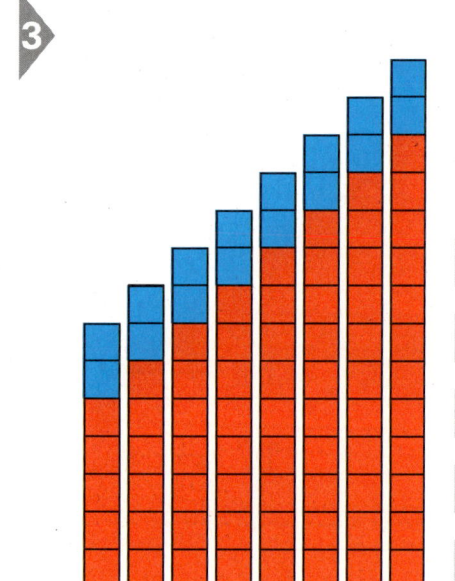

**1**

5 + 1 =
5 + 2 =
5 + 3 =
5 + 4 =
5 + =
5 + =
5 + =

2 + 1 =
2 + 2 =
2 + 3 =
bis
2 + 15 =

14 + 6 =
14 + 5 =
14 + 4 =
bis
14 + 1 =

**2**

13 − 1 =
13 − 2 =
13 − 3 =
13 − =
13 − =
13 − =
13 − =

8 − 1 =
8 − 2 =
8 − 3 =
bis
8 − 8 =

19 − 9 =
19 − 8 =
19 − 7 =
bis
19 − 1 =

**3**

5 + 2 =
6 + 2 =
7 + 2 =
 + 2 =
 + 2 =
 + 2 =
 + 2 =
 + 2 =

0 + 5 =
1 + 5 =
2 + 5 =
bis
15 + 5 =

15 + 3 =
14 + 3 =
13 + 3 =
bis
0 + 3 =

**4**

10 − 3 =
9 − 3 =
8 − 3 =
7 − 3 =
 − 3 =
 − 3 =
 − 3 =
 − 3 =

12 − 2 =
11 − 2 =
10 − 2 =
bis
2 − 2 =

4 − 4 =
5 − 4 =
6 − 4 =
bis
14 − 4 =

70 Die Treppen werden gebaut oder gezeichnet, die Aufgaben dazu notiert.
Die Kinder sollen dabei die Gesetzmäßigkeiten und Rechenvorteile erkennen.

# Treppen und Tabellen

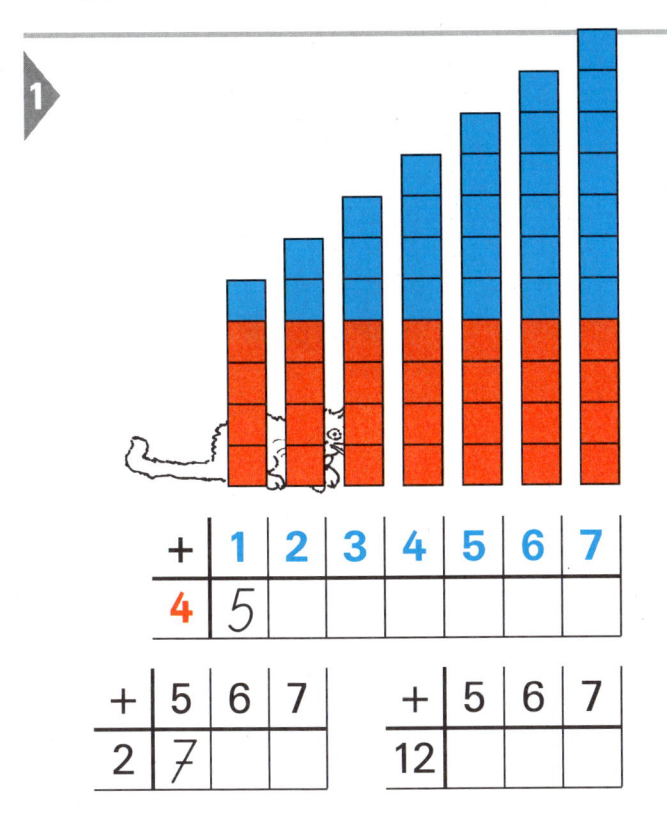

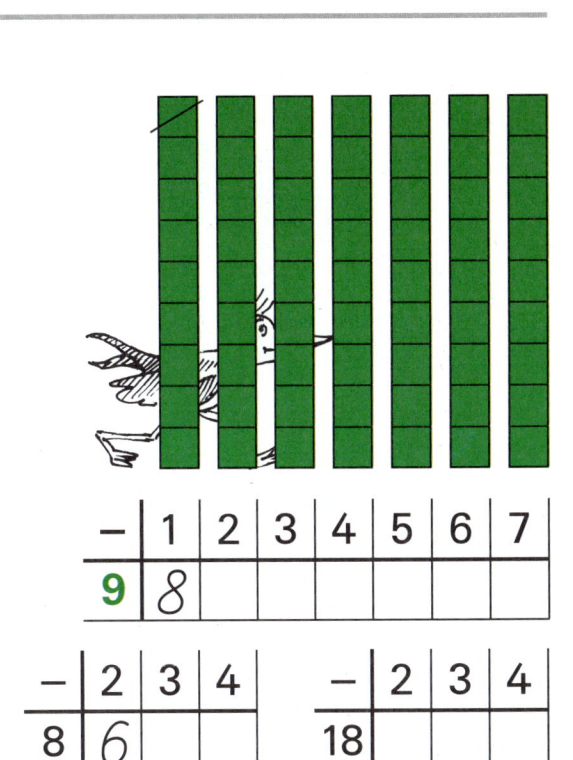

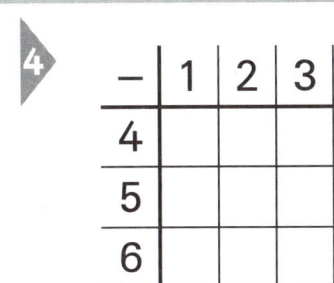

**1.**

| + | 1 | 2 | 3 | 4 | 5 | 6 | 7 |
|---|---|---|---|---|---|---|---|
| 4 | 5 |   |   |   |   |   |   |

| + | 5 | 6 | 7 |
|---|---|---|---|
| 2 | 7 |   |   |

| + | 5 | 6 | 7 |
|---|---|---|---|
| 12 |   |   |   |

**2.**

| − | 1 | 2 | 3 | 4 | 5 | 6 | 7 |
|---|---|---|---|---|---|---|---|
| 9 | 8 |   |   |   |   |   |   |

| − | 2 | 3 | 4 |
|---|---|---|---|
| 8 | 6 |   |   |

| − | 2 | 3 | 4 |
|---|---|---|---|
| 18 |   |   |   |

**3.**

| + | 1 | 2 | 3 |
|---|---|---|---|
| 4 |   |   |   |
| 5 |   |   |   |
| 6 |   |   |   |

| + | 3 | 1 | 4 |
|---|---|---|---|
| 12 |   |   |   |
| 15 |   |   |   |
| 11 |   |   |   |

**4.**

| − | 1 | 2 | 3 |
|---|---|---|---|
| 4 |   |   |   |
| 5 |   |   |   |
| 6 |   |   |   |

| − | 5 | 3 | 4 |
|---|---|---|---|
| 17 |   |   |   |
| 16 |   |   |   |
| 19 |   |   |   |

**5.**
7 + 5 =
6 + 4 =
5 + 3 =
4 + 2 =
3 + 1 =
2 + 0 =

5 + 1 =
4 + 2 =
3 + 3 =
2 + 4 =
1 + 5 =
0 + 6 =

**6.**
6 − 5 =
7 − 4 =
8 − 3 =
9 − 2 =
10 − 1 =
11 − 0 =

9 − 5 =
8 − 4 =
7 − 3 =
6 − 2 =
5 − 1 =
4 − 0 =

**7.**
10 + 3 =
9 + 4 =
8 + 5 =
bis
1 + 12 =

1 + 0 =
2 + 1 =
3 + 2 =
bis
10 + 9 =

**8.**
16 − 1 =
15 − 2 =
14 − 3 =
bis
9 − 8 =

13 − 10 =
12 − 9 =
11 − 8 =
bis
7 − 4 =

Die Tabelle als Übungsform für Rechenaufgaben wird eingeführt.
**5 bis 8** Weitere Treppenaufgaben

# Rechnen mit drei Zahlen

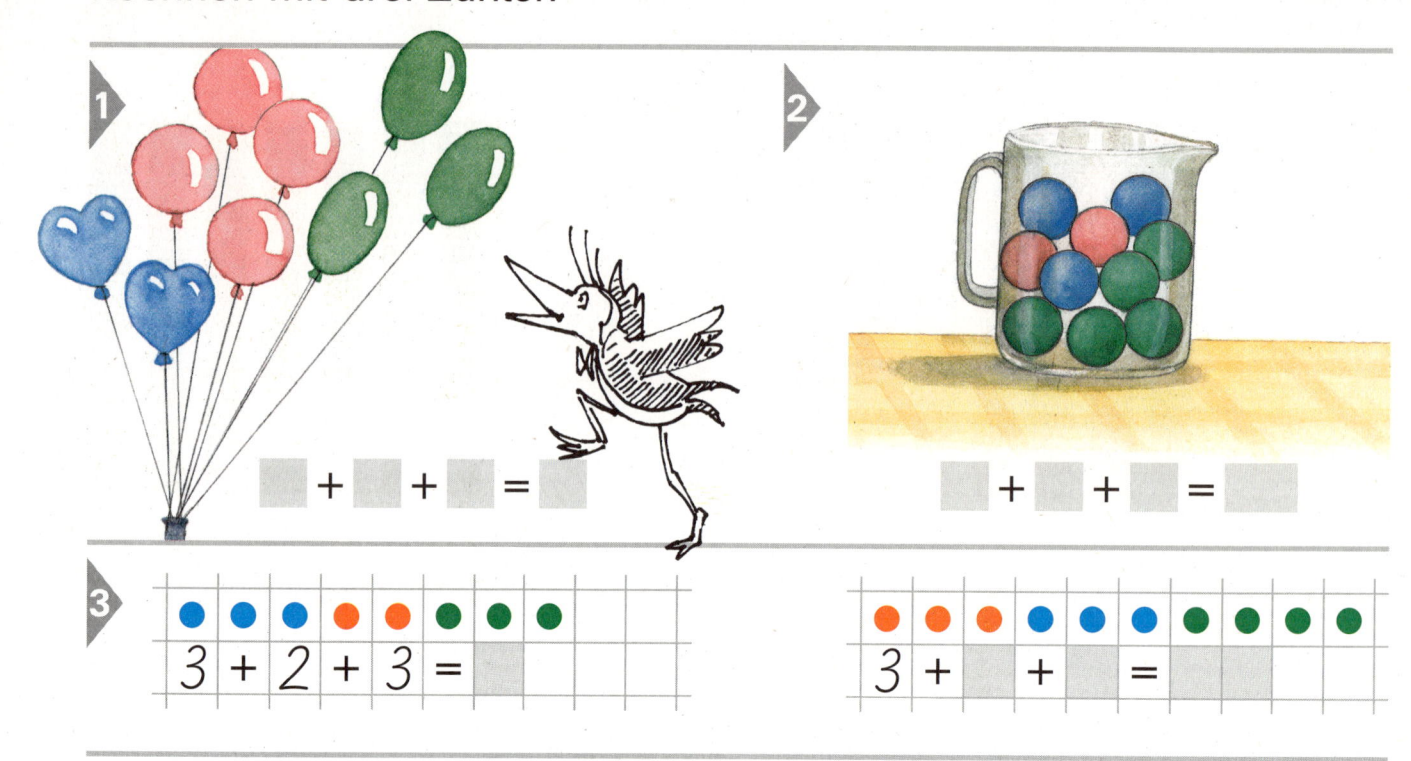

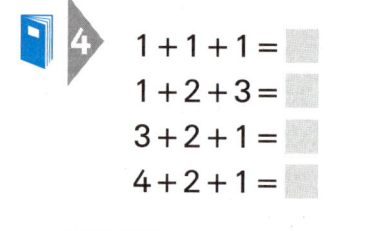

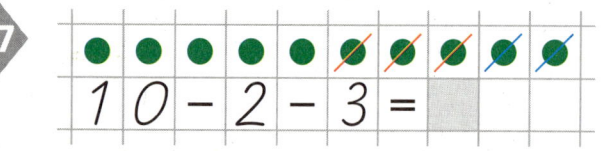

**1** ▸ ☐ + ☐ + ☐ = ☐

**2** ▸ ☐ + ☐ + ☐ = ☐

**3** ▸ 3 + 2 + 3 = ☐

3 + ☐ + ☐ = ☐

**4**
| | | | |
|---|---|---|---|
| 1 + 1 + 1 = | 5 + 1 + 3 = | 4 + 1 + 5 = | 2 + 4 + ☐ = 8 |
| 1 + 2 + 3 = | 1 + 3 + 5 = | 7 + 0 + 1 = | 3 + ☐ + 2 = 10 |
| 3 + 2 + 1 = | 2 + 2 + 4 = | 3 + 4 + 3 = | ☐ + 1 + 3 = 6 |
| 4 + 2 + 1 = | 3 + 3 + 3 = | 2 + 8 + 2 = | 5 + ☐ + ☐ = 8 |

**5** ▸ 9 − ☐ − ☐ = ☐

**6** ▸ ☐ − ☐ − ☐ = ☐

**7** ▸ 10 − 2 − 3 = ☐

8 − ☐ − ☐ = ☐

**8**
| | | | |
|---|---|---|---|
| 7 − 1 − 3 = | 9 − 2 − 6 = | 10 − 3 − 1 = | 7 − 2 − ☐ = 3 |
| 5 − 2 − 2 = | 9 − 6 − 2 = | 10 − 2 − 7 = | 8 − ☐ − 3 = 2 |
| 6 − 3 − 3 = | 7 − 3 − 2 = | 10 − 4 − 4 = | ☐ − 2 − 7 = 0 |
| 8 − 1 − 4 = | 8 − 3 − 5 = | 10 − 5 − 3 = | 6 − ☐ − ☐ = 2 |

**3** und **7** sind Vorbilder für die Darstellung im Heft.

# Rechnen bis 20

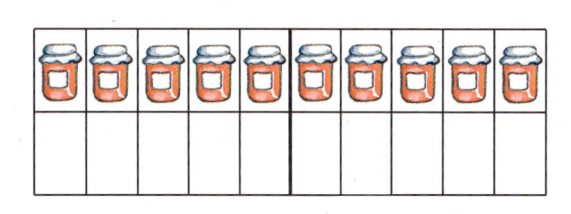

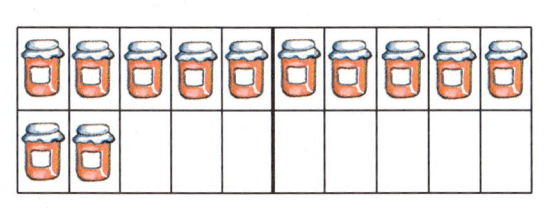

**1**  12 + 4 + 2 = ☐     14 − 3 − 1 = ☐

**2**
| 13 + 2 + 3 = | 18 − 2 − 3 = | 14 + 2 + ☐ = 20 | 19 − 6 − ☐ = 11 |
| 11 + 6 + 1 = | 17 − 4 − 1 = | 15 + 1 + ☐ = 20 | 18 − 4 − ☐ = 12 |
| 12 + 5 + 3 = | 20 − 3 − 4 = | 11 + ☐ + 2 = 19 | 20 − ☐ − 2 = 13 |
| 14 + 1 + 4 = | 19 − 5 − 2 = | 13 + ☐ + 4 = 18 | 19 − ☐ − 5 = 14 |
| 16 + 0 + 2 = | 14 − 0 − 3 = | ☐ + 2 + 3 = 17 | ☐ − 4 − 3 = 10 |

**3**
12 + 3 =
15 − 3 =

15 + 2 = 17      16 + 3 =
17 − 2 =          ☐ − ☐ =

13 + 4 = 17      11 + 7 =
☐ − 4 =          ☐ − ☐ =

15 − 2 =          17 − 5 =
13 + 2 =          ☐ + ☐ =

18 − 3 =          19 − 6 =
☐ + 3 =          ☐ + ☐ =

**4**
| 18 − 3 = 15 | 20 − 6 = 14 | 19 − 9 = | 14 − 4 = | 18 − 4 = |
| 15 + 3 = | ☐ + 6 = | ☐ + 9 = | ☐ + ☐ = | ☐ + ☐ = |
| 14 − 2 = 12 | 17 − 5 = 12 | 13 − 1 = | 18 − 7 = | 20 − 8 = |
| 12 + 2 = | ☐ + 5 = | ☐ + 1 = | ☐ + ☐ = | ☐ + ☐ = |

**5**
| 6 + 4 + 3 = | 7 + 3 + 2 = | 14 − 4 − 5 = | 13 − 3 − 4 = |
| 6 + 4 + 7 = | 8 + 2 + 7 = | 14 − 4 − 3 = | 15 − 5 − 2 = |
| 6 + 4 + 4 = | 9 + 1 + 5 = | 14 − 4 − 7 = | 19 − 9 − 1 = |
| 6 + 4 + 9 = | 3 + 7 + 4 = | 14 − 4 − 4 = | 16 − 6 − 7 = |
| 6 + 4 + 6 = | 2 + 8 + 3 = | 14 − 4 − 6 = | 18 − 8 − 3 = |

Das Rechnen im zweiten Zehner wird geübt.
**3** und **4** Zu jeder Aufgabe wird die Umkehraufgabe gerechnet.
**5** Es wird über den Zehner hinweggerechnet.

# Zehnerübergang mit plus

**10** (Sack links oben)
3 +
5 +  4 +
8 +  1 +

20

**10** (Sack rechts oben)
+ 2
+ 9
+ 6
+ 5
+ 7

**5**
3 +
1 +
+ 3
+ 1

**6**
2 +
3 +
+ 2
+ 5

**7**
5 +
6 +
+ 4
+ 3

10

**9**
6 +
2 +
8 +
+ 5
+ 4
+ 6

**8**
4 +
2 +
7 +
+ 3
+ 2
+ 5

8 + 1 =
8 + 2 = 10
8 + 3 =
8 + 4 =
8 + 5 =
8 + 6 =

7 + 2 =
7 + 3 = 10
7 + 4 =
7 + 5 =
7 + 6 =
7 + 7 =
7 + 8 =

9 + 1 = 10
9 + 2 =
9 + 3 =
9 + 4 =
9 + 5 =
9 + 6 =
9 + 7 =

18
9

20

16

14
7  7

10

2
1

12
6

74 Aufgaben zur Vorbereitung des Zehnerübergangs:
Ergänzen zum Zehner, Zahlzerlegungen, Verdopplungen, schrittweises Überschreiten des Zehners.

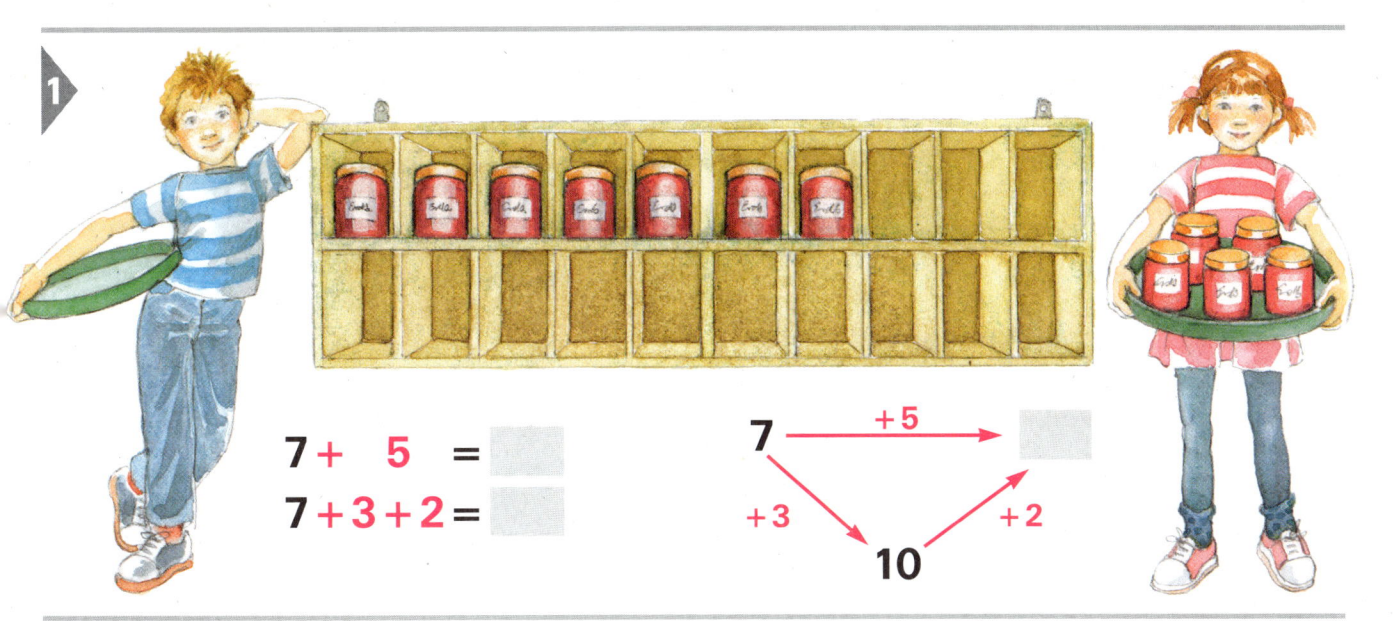

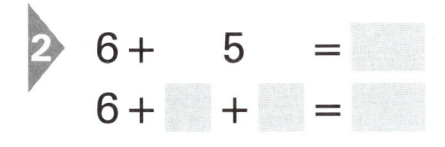

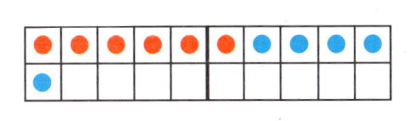

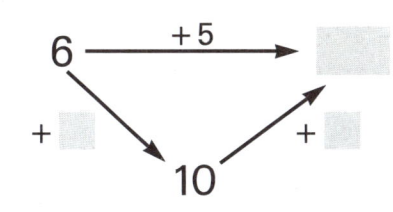

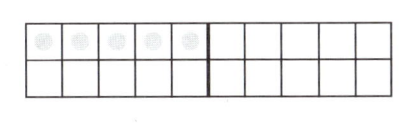

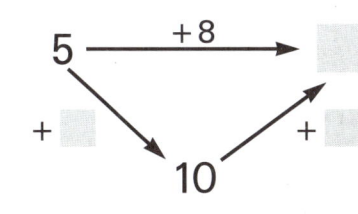

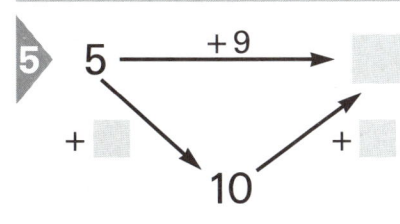

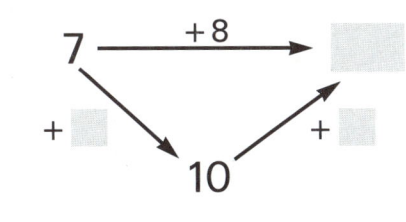

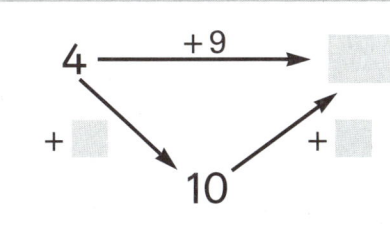

# Zehnerübergang mit plus

**1**  7 + 5 = ☐
7 + 3 + 2 = ☐

**2**  6 + 5 = ☐
6 + ☐ + ☐ = ☐

**3**  5 + 8 = ☐
5 + ☐ + ☐ = ☐

**4**  
7 + 6 = ☐     8 + 7 = ☐     6 + 7 = ☐
7 + ☐ + ☐ = ☐   8 + ☐ + ☐ = ☐   6 + ☐ + ☐ = ☐
5 + 7 = ☐     6 + 8 = ☐     8 + 5 = ☐
5 + ☐ + ☐ = ☐   6 + ☐ + ☐ = ☐   8 + ☐ + ☐ = ☐

**5**  5 +9 → ... über 10     7 +8 → ... über 10     4 +9 → ... über 10

**6**
| | | | | |
|---|---|---|---|---|
| 8 + 4 = | 6 + 6 = | 9 + 6 = | 8 + 8 = | 2 + 9 = |
| 6 + 9 = | 4 + 8 = | 4 + 7 = | 7 + 4 = | 3 + 8 = |
| 9 + 5 = | 9 + 7 = | 6 + 4 = | 9 + 3 = | 9 + 4 = |
| 3 + 9 = | 8 + 9 = | 2 + 9 = | 9 + 8 = | 7 + 7 = |
| 5 + 8 = | 5 + 6 = | 8 + 3 = | 7 + 9 = | 9 + 8 = |

Der Zehnerübergang mit plus wird im Zwanzigerfeld und mit der Pfeildarstellung geübt.

# Zehnerübergang mit minus

12 − 6
6
14 − 7
16 − 8
18 − 9
20 − 10

17 − ☐ = 10
15 − ☐ = 10
11 − ☐ = 10
19 − ☐ = 10
12 − ☐ = 10
18 − ☐ = 10
14 − ☐ = 10
16 − ☐ = 10

14 − 4 = *10*
14 − 5 =
14 − 6 =
14 − 7 =

15 − 5 = *10*
15 − 6 =
15 − 7 =
15 − 8 =

16 − 6 = *10*
16 − 7 =
16 − 8 =
16 − 9 =

10 − 4 =
10 − 8 =
10 − 6 =
10 − 2 =

10 − 3 =
10 − 9 =
10 − 5 =
10 − 7 =

10 − ☐ = 8
11 − ☐ = 8
12 − ☐ = 8
13 − ☐ = 8
14 − ☐ = 8
15 − ☐ = 8

10 − ☐ = 6
11 − ☐ = 6
12 − ☐ = 6
13 − ☐ = 6
14 − ☐ = 6
15 − ☐ = 6

16 − ☐ = 7
14 − ☐ = 7
12 − ☐ = 7
10 − ☐ = 7

Aufgaben zur Vorbereitung des Zehnerübergangs: Subtraktionen vom Zehner, Halbieren, schrittweises Überschreiten des Zehners abwärts.

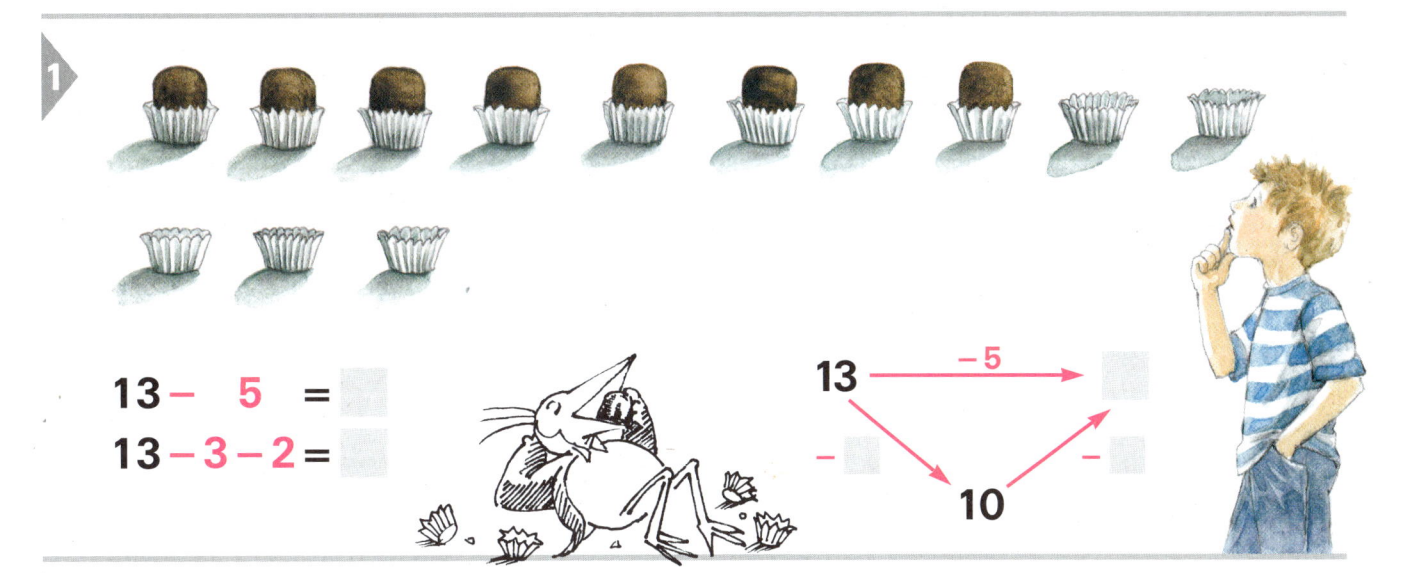

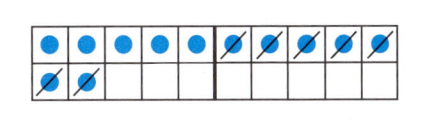

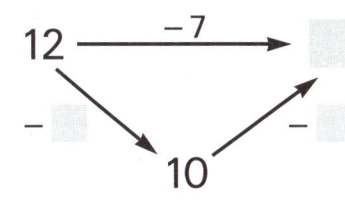

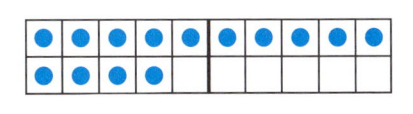

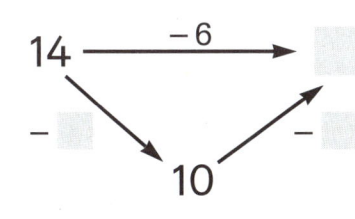

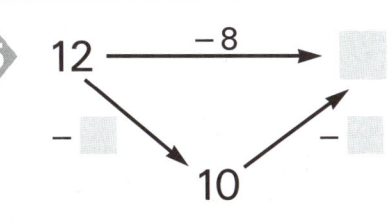

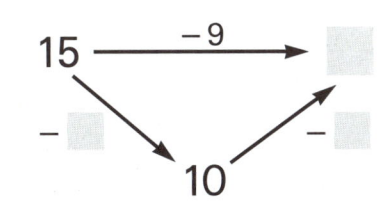

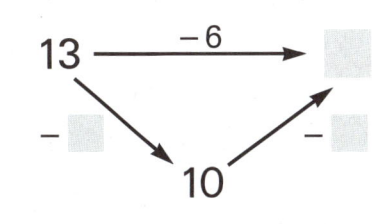

# Zehnerübergang mit minus

**1** 
13 − 5 = ☐
13 − 3 − 2 = ☐

13 −5→ ☐
13 −☐→ 10 −☐→ ☐

**2** 
12 − 7 = ☐
12 − ☐ − ☐ = ☐

12 −7→ ☐
12 −☐→ 10 −☐→ ☐

**3** 
14 − 6 = ☐
14 − ☐ − ☐ = ☐

14 −6→ ☐
14 −☐→ 10 −☐→ ☐

**4** 
15 − 7 = ☐     12 − 5 = ☐     16 − 7 = ☐
15 − ☐ − ☐ = ☐     12 − ☐ − ☐ = ☐     16 − ☐ − ☐ = ☐

13 − 9 = ☐     11 − 6 = ☐     14 − 8 = ☐
13 − ☐ − ☐ = ☐     11 − ☐ − ☐ = ☐     14 − ☐ − ☐ = ☐

**5** 
12 −8→ ☐     15 −9→ ☐     13 −6→ ☐
12 −☐→ 10 −☐→ ☐     15 −☐→ 10 −☐→ ☐     13 −☐→ 10 −☐→ ☐

**6**
11 − 4 = ☐   13 − 8 = ☐   16 − 9 = ☐   11 − 8 = ☐   14 − 9 = ☐
15 − 6 = ☐   13 − 5 = ☐   11 − 3 = ☐   13 − 7 = ☐   12 − 6 = ☐
17 − 8 = ☐   12 − 9 = ☐   14 − 5 = ☐   12 − 3 = ☐   14 − 7 = ☐
11 − 7 = ☐   11 − 9 = ☐   17 − 9 = ☐   12 − 4 = ☐   16 − 8 = ☐
13 − 4 = ☐   11 − 2 = ☐   11 − 5 = ☐   15 − 8 = ☐   18 − 9 = ☐

Der Zehnerübergang mit minus wird im Zwanzigerfeld und mit der Pfeildarstellung geübt.

# Umkehraufgaben

**1**
8 + 5 = ☐
13 − 5 = ☐

8 →+5→ ☐
  ←−5←

5 + 9 = ☐
☐ − ☐ = ☐

5 →+9→ ☐
  ←−☐←

☐ + ☐ = ☐
☐ − ☐ = ☐

☐ →+☐→ ☐
  ←−☐←

**2**
7 + 6 = ☐
13 − 6 = ☐

9 + 3 = ☐
12 − ☐ = ☐

8 + 7 = ☐
15 − ☐ = ☐

14 + 5 = ☐
19 − ☐ = ☐

7 →+6→ ☐
  ←−6←

9 →+3→ ☐
  ←−☐←

8 →+7→ ☐
  ←−☐←

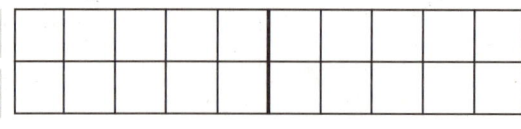

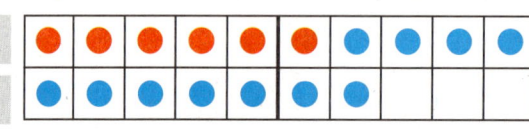

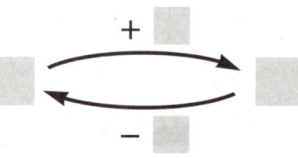

14 →+5→ ☐
   ←−☐←

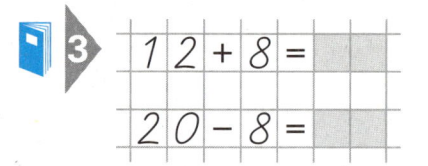

**3**
12 + 8 = ☐
20 − 8 = ☐

~~12+8~~   5+7   15+3   2+13
14+3   14+6   7+7
12+4   9+5   9+9   8+12   6+6

**4**
1 →+5→ ☐ →+8→ ☐ →−5→ ☐ →−8→ ☐

9 →+4→ ☐ →+6→ ☐ →−4→ ☐ →−6→ ☐

☐ →+7→ ☐ →−5→ ☐ →−7→ ☐ →+5→ 8

☐ →−10→ ☐ →+6→ ☐ →−4→ ☐ →+8→ 20

Mit der Umkehraufgabe kann die Lösung einer Plus- bzw. einer Minusaufgabe überprüft werden.
Die Umkehrung des Rechenbefehls wird im Pfeilbild deutlich.

## Umkehraufgaben

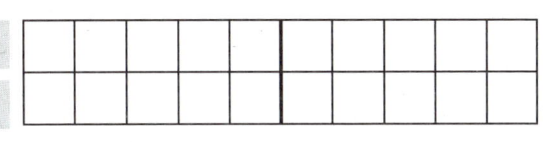

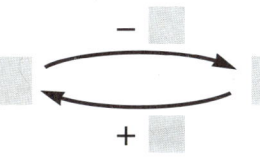

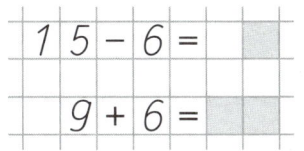

**1)** 
14 − 6 = ▢
8 + 6 = ▢

14 ⇄ ▢ (−6, +6)

16 − 9 = ▢
▢ + ▢ = ▢

16 ⇄ ▢ (−9, +▢)

▢ − ▢ = ▢
▢ + ▢ = ▢

▢ ⇄ ▢ (−, +)

**2)**
19 − 7 = ▢          15 − 4 = ▢          17 − 8 = ▢          14 − 9 = ▢
12 + 7 = ▢          11 + ▢ = ▢          ▢ + ▢ = ▢          ▢ + ▢ = ▢

19 ⇄ ▢ (−7, +7)    15 ⇄ ▢ (−4, +)    17 ⇄ ▢ (−8, +)    14 ⇄ ▢ (−9, +)

**3)** 
15 − 6 = ▢
9 + 6 = ▢

18−7    18−5    16−5    19−4
13−7    14−7
~~15−6~~    12−8    18−9
20−10    12−6    16−8

**4)**
20 →−9 ▢ →−6 ▢ →+9 ▢ →+6 ▢

18 →−5 ▢ →−8 ▢ →+2 ▢ →+11 ▢

▢ →−8 ▢ →+4 12 →−3 ▢ →+7 ▢

▢ →−8 ▢ →−5 ▢ →+10 ▢ →+3 20

Mit der Umkehraufgabe kann die Lösung überprüft werden.

# Tauschaufgaben

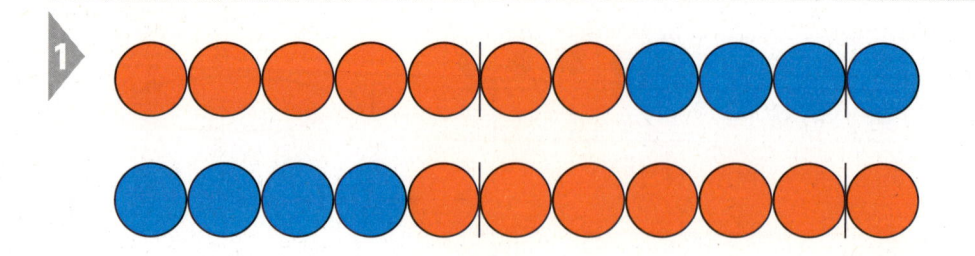

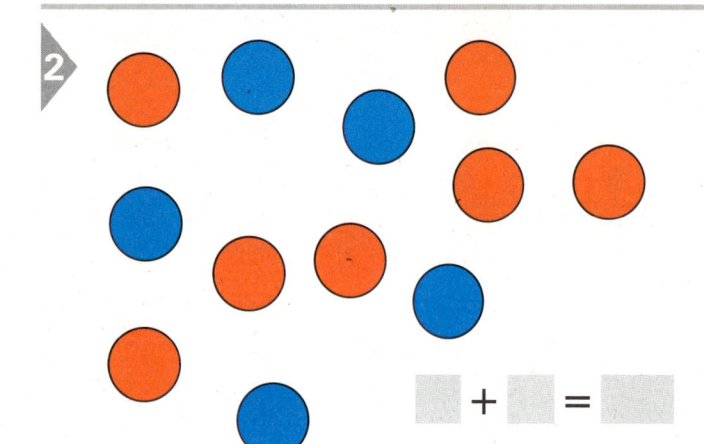

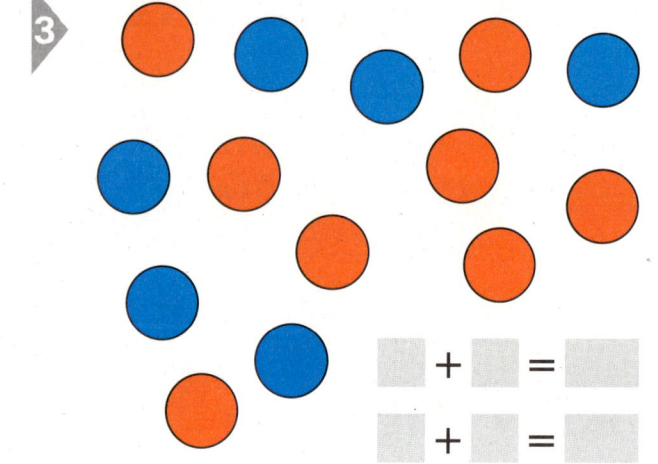

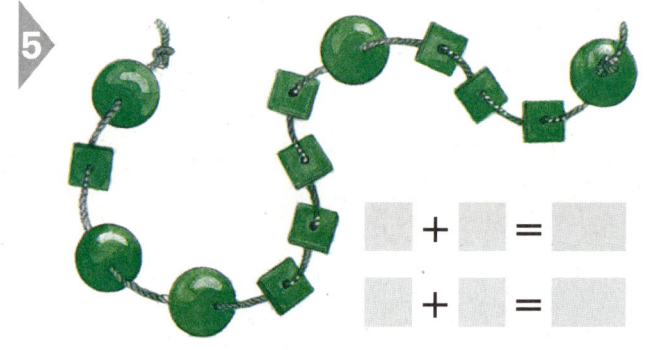

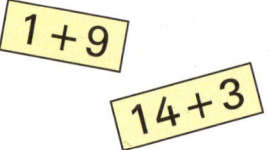

**1** 7 + ☐ = ☐
☐ + ☐ = ☐

**2** ☐ + ☐ = ☐
☐ + ☐ = ☐

**3** ☐ + ☐ = ☐
☐ + ☐ = ☐

**4** ☐ + ☐ = ☐
☐ + ☐ = ☐

**5** ☐ + ☐ = ☐
☐ + ☐ = ☐

**6**
7 + 6 = ☐    8 + 5 = ☐    9 + 6 = ☐    8 + 7 = ☐
6 + 7 = ☐    5 + 8 = ☐    6 + ☐ = ☐    7 + ☐ = ☐

9 + 5 = ☐    8 + 9 = ☐    9 + 4 = ☐    15 + 5 = ☐
☐ + ☐ = ☐    ☐ + ☐ = ☐    ☐ + ☐ = ☐    ☐ + ☐ = ☐

**7**
3 + 9 = ☐
9 + 3 = ☐

3+9   4+8   5+8   1+9
9+7   6+7   8+3   8+7   14+3
7+5   6+9   7+4   6+6   17+2

**1** bis **5** Aufgabe und Tauschaufgabe können an der Bilddarstellung abgelesen werden.

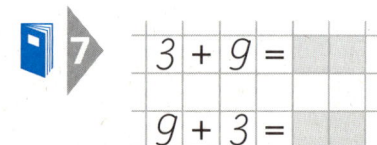

# Rechengeschichten

**1**

**2** ___ + ___ = ___

**3** ___ − ___ = ___

**4**

**5**

1  Additions- und Subtraktionsaufgaben bilden und im Heft notieren.
2 bis 5  Aufgabe notieren und rechnen.

# Wiederholung

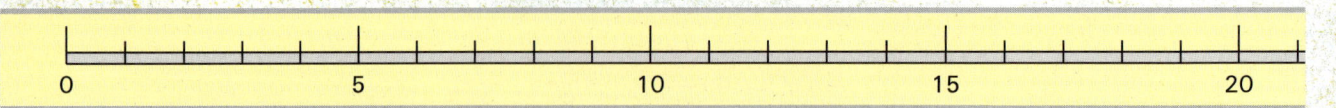

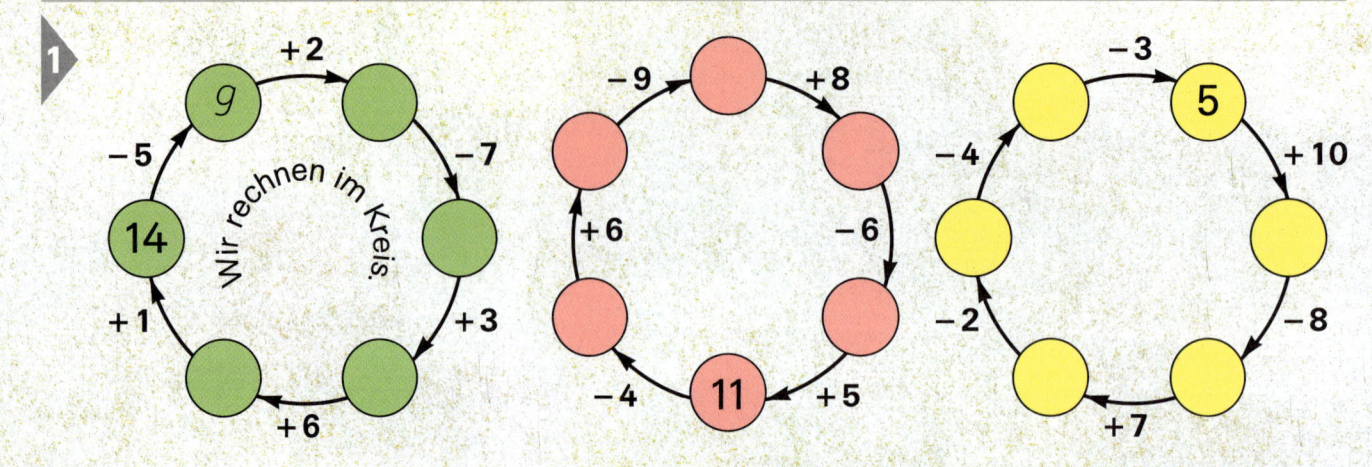

**1** Wir rechnen im Kreis.

Kreis 1 (grün): 14, 9, +2, −7, +3, +6, +1, −5
Kreis 2 (rot): −9, +8, −6, +5, 11, −4, +6
Kreis 3 (gelb): −3, 5, +10, −8, +7, −2, −4

**2**

| + | 8 | 7 | 6 | 5 | 4 |
|---|---|---|---|---|---|
| 6 |   |   |   |   |   |
| 7 |   |   |   |   |   |
| 8 |   |   |   |   |   |

| − | 3 | 4 | 5 | 6 | 7 |
|---|---|---|---|---|---|
| 13 |   |   |   |   |   |
| 12 |   |   |   |   |   |
| 11 |   |   |   |   |   |

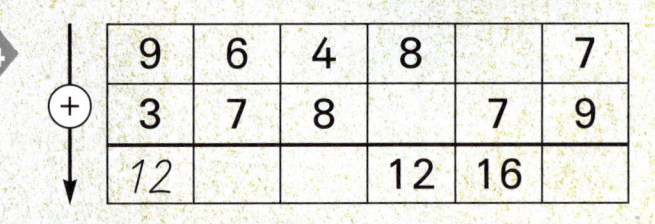

**3**

7 + 5 =          3 + 8 =          6 + 9 =          4 + 7 =
12 − 5 =         11 − =           − =              − =

13 − 8 =         15 − 7 =         12 − 9 =         14 − 6 =
5 + 8 =          8 + =            + =              + =

**4**

| 9 | 6 | 4 | 8 |   | 7 |
|---|---|---|---|---|---|
| 3 | 7 | 8 |   | 7 | 9 |
| 12 |  |  | 12 | 16 |  |

| 14 | 12 | 13 |   | 15 |   |
|----|----|----|---|----|---|
| 6 | 7 | 9 | 4 |   | 8 |
| 8 |   |   |   | 9 | 8 | 7 |

**5**

82

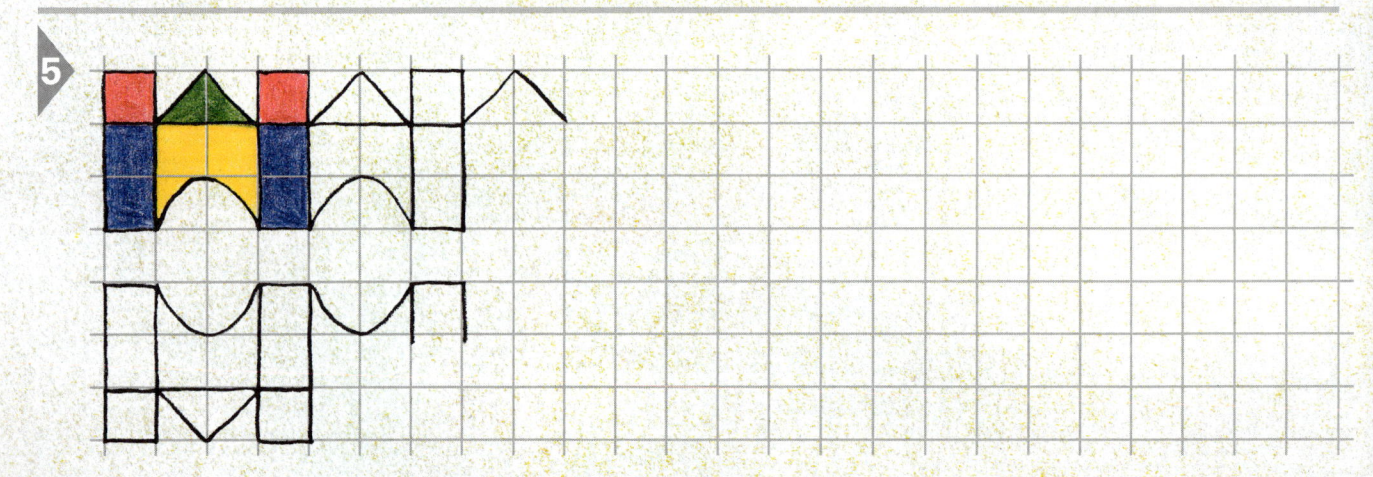

# Knacknüsse

**1** Zahlenmauern (Blocks):
- Blau: 5, 1, 2 / 6, 3 / 9
- Gelb: 2, 3, 4
- Grün: 4, 5 / 10
- Rosa: 7, 3 / 8

Zettel: 5 + 1, 1 + 2, 6 + 3

**2** Muster fortsetzen

**3** Kärtchen: 6, 3, 4, 2

$4 + 2 - 6 = 0$
$3 + 2 - \square = 1$
$\square + \square - \square = 3$
$\square + \square - \square = 4$

$\square + \square - \square = 5$
$\square + \square - \square = 7$
$\square + \square - \square = 8$
$\square + \square + \square = 9$

**4** $3 + 1 + 6 =$ ____   ____   ____   ____

**5** Blaue Kärtchen: 0, 2, 3, 5
Grüne Kärtchen: 3, 5, 7, 10, 13
Rosa Kärtchen: 2, 5, 8, 10, 12

$\square + \square = \square$
$\square + \square = \square$

$\square - \square = \square$
$\square - \square = \square$

**6** Blaue Kärtchen: 1, 5, 6, 7
Grüne Kärtchen: 2, 4, 8, 9, 16
Rosa Kärtchen: 2, 3, 9, 10, 15

$\square + \square = \square$
$\square + \square = \square$

$\square - \square = \square$
$\square - \square = \square$

**1** Gesetzmäßigkeit der Zahlenmauer erkennen und anwenden. **2** Muster fortsetzen.
**3** Immer passende Kärtchen aussuchen. **4** In den Figuren Zahlen entdecken und addieren.
**5** und **6** Möglichst viele Aufgaben finden.

# Spielen mit Linien und Farben

84 Freihändig Linienmuster zeichnen, z. B. an der Tafel oder auf Tapetenbahnen.
Die Kinder können – auch in Partnerarbeit – weitere Muster entwerfen.

# Linien und Punkte

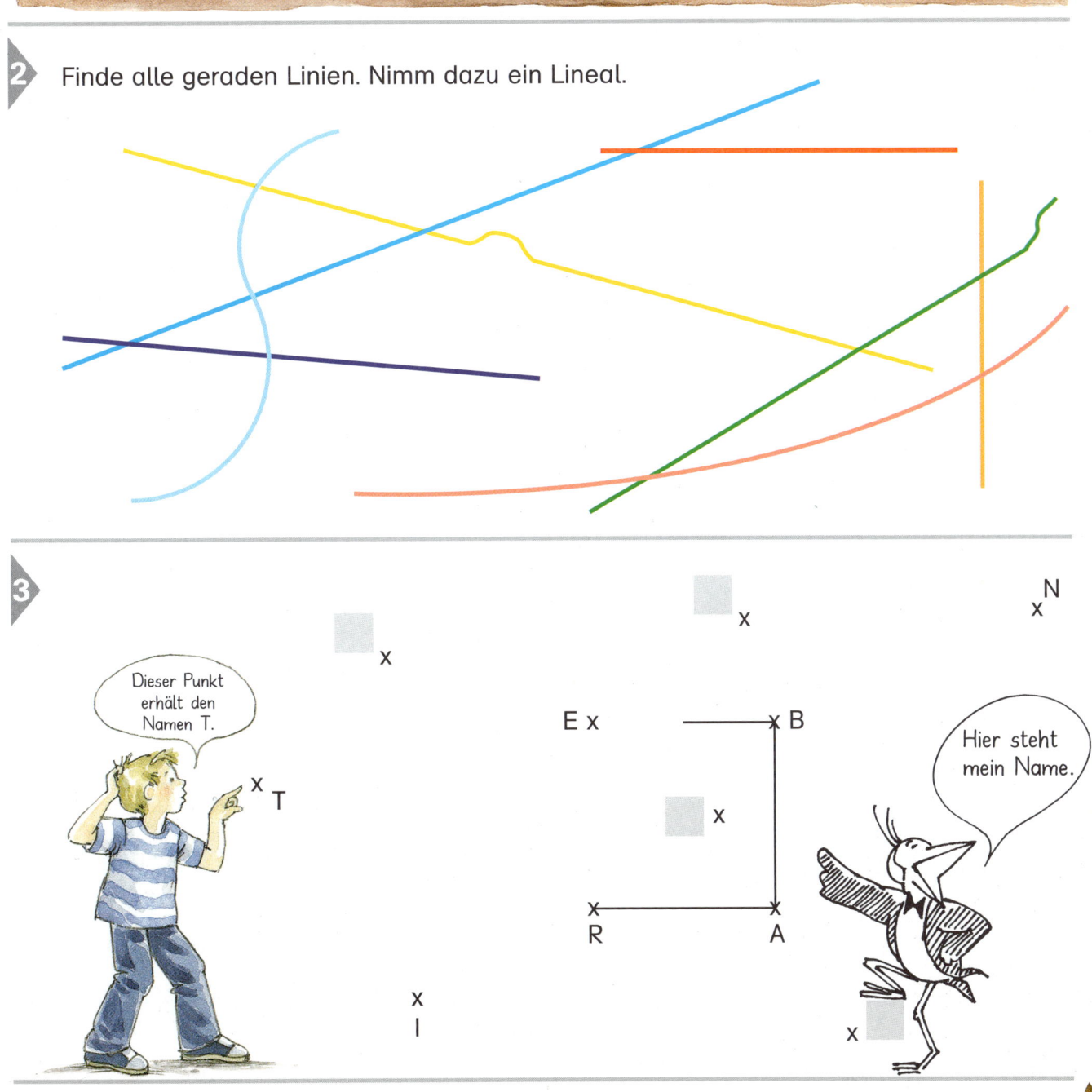

**1** "Ich zeichne gerade Linien."

**2** Finde alle geraden Linien. Nimm dazu ein Lineal.

**3** "Dieser Punkt erhält den Namen T."

x T

x N

E x — x B

x

x —— x
R    A

x
I

"Hier steht mein Name."

x

1 Die Kinder erkennen, dass man gerade Linien mit dem Lineal zeichnet.
3 Punkte und deren Bezeichnung kennen lernen, Punkte bezeichnen, Namen bilden (z. B. Ina).

85

# Längen messen – Zentimeter

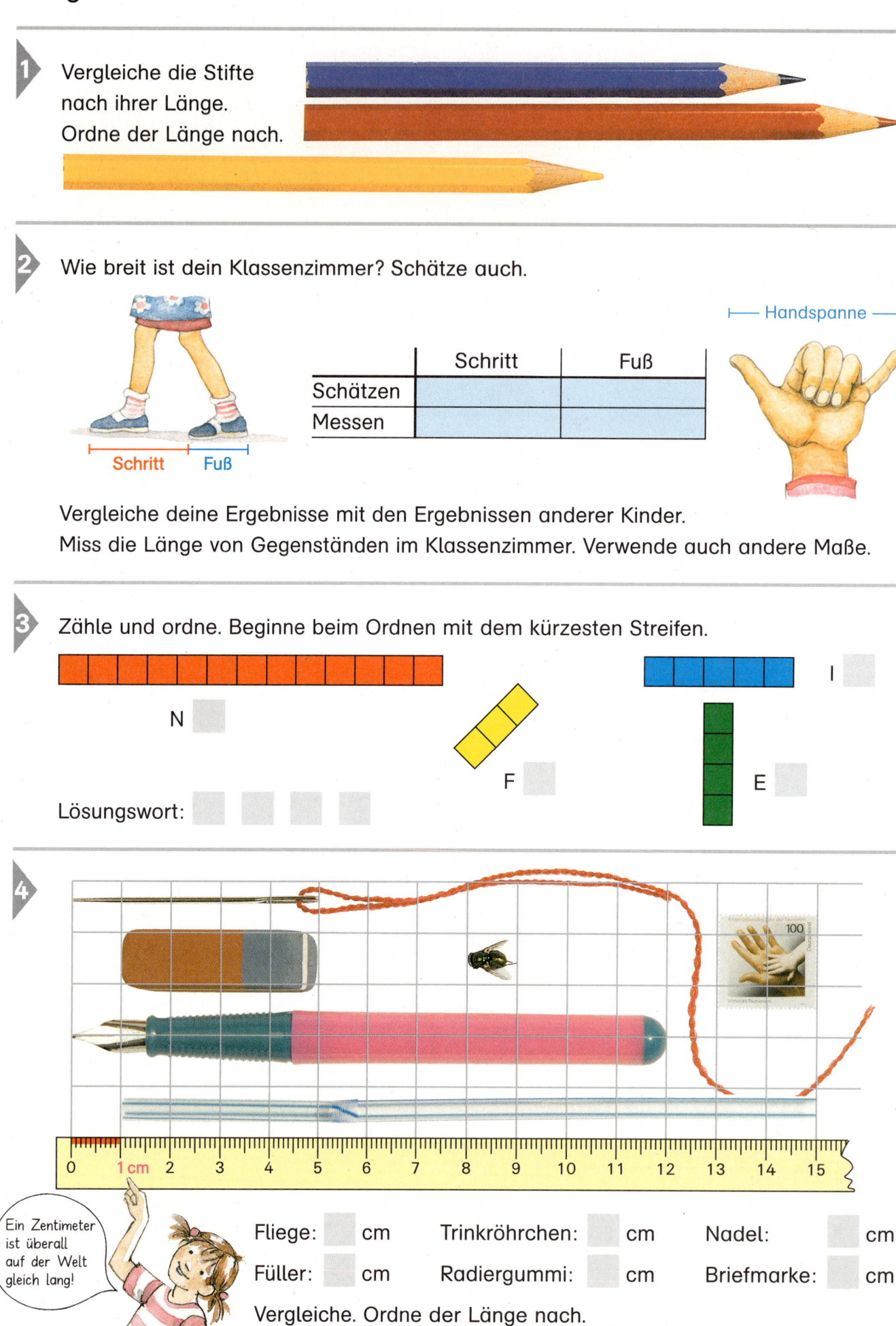

**1** Vergleiche die Stifte nach ihrer Länge. Ordne der Länge nach.

**2** Wie breit ist dein Klassenzimmer? Schätze auch.

Schritt   Fuß

|  | Schritt | Fuß |
|---|---|---|
| Schätzen |  |  |
| Messen |  |  |

Handspanne

Vergleiche deine Ergebnisse mit den Ergebnissen anderer Kinder.
Miss die Länge von Gegenständen im Klassenzimmer. Verwende auch andere Maße.

**3** Zähle und ordne. Beginne beim Ordnen mit dem kürzesten Streifen.

N    F    E    I

Lösungswort:

**4**

Fliege: ☐ cm    Trinkröhrchen: ☐ cm    Nadel: ☐ cm
Füller: ☐ cm    Radiergummi: ☐ cm    Briefmarke: ☐ cm

Vergleiche. Ordne der Länge nach.

Ein Zentimeter ist überall auf der Welt gleich lang!

In **1** wird die Länge von Gegenständen durch unmittelbaren Vergleich, in **2** durch Körpermaße ermittelt.
Mit **3** erfolgt eine Überleitung zur genormten Einheit.
In **4** wird die Einheit Zentimeter (cm) eingeführt. Es wird gemessen.

# Strecken zeichnen – Längen messen

**1** Miss die Länge jeder Strecke. Vergleiche die Längen der Strecken miteinander.

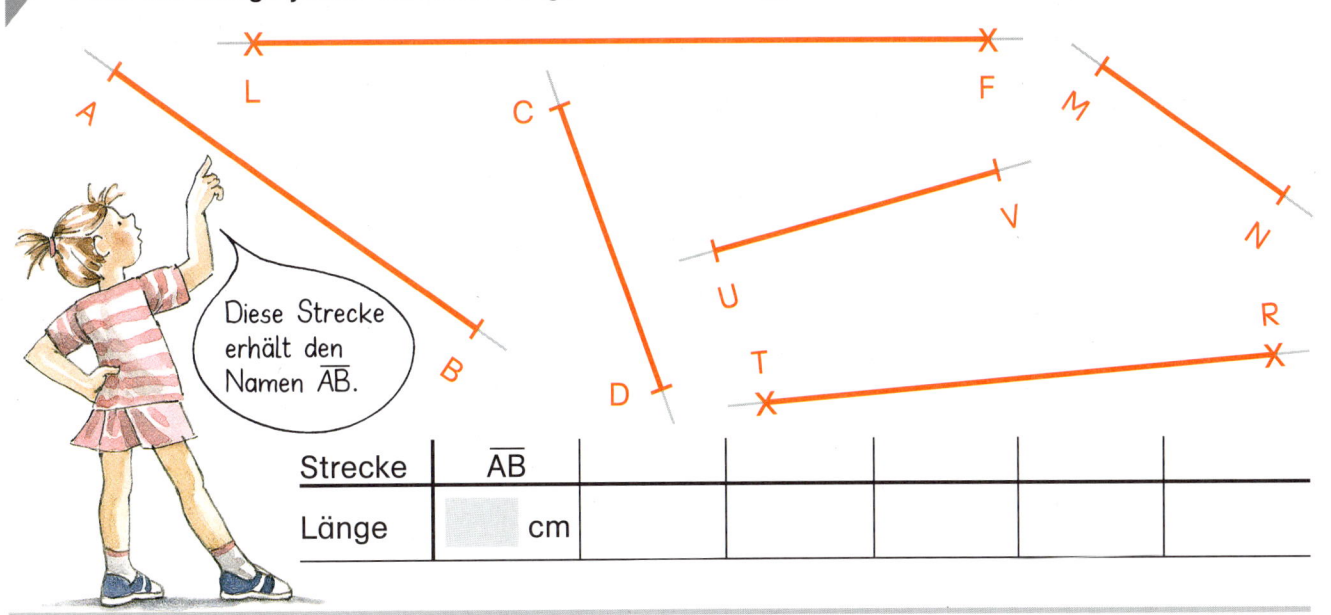

*Diese Strecke erhält den Namen $\overline{AB}$.*

| Strecke | $\overline{AB}$ | | | | | |
|---|---|---|---|---|---|---|
| Länge | cm | | | | | |

**2** Verbinde die Punkte und miss die Länge jeder Strecke.

von A nach B:  cm

B nach C:  cm

C nach D:  cm

D nach E:  cm

E nach F:  cm

F nach G:  cm

G nach H:  cm

H nach I:  cm

I nach J:  cm

J nach K:  cm

K nach L:  cm

L nach M:  cm

**3** Zeichne Strecken.

7 cm, 3 cm, 9 cm, 1 cm, 14 cm, 6 cm

1 Bezeichnung von Strecken kennen lernen. Strecken nennen und jeweils ihre Länge messen.
2 Punkte verbinden und die Länge jeder Strecke messen.

87

# Bildergeschichten

88

Die Kinder erzählen zu den Bildern Geschichten. Sie beschreiben die veränderten Bilder durch räumliche Beziehungen der Personen und Gegenstände zueinander (vorne – hinten, links – rechts, oben – unten usw.).

# Räumliche Beziehungen

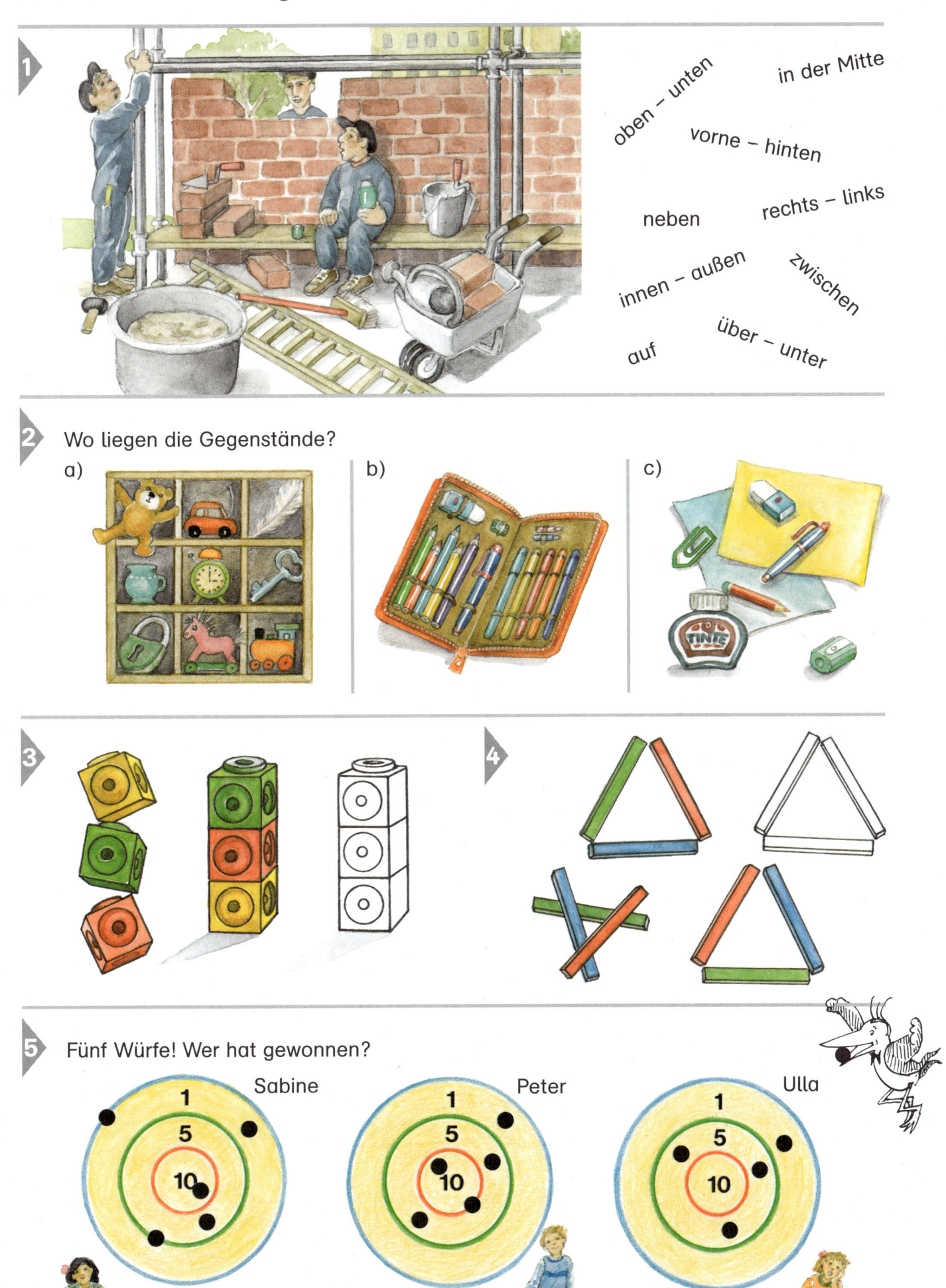

**1**

oben – unten  
in der Mitte  
vorne – hinten  
neben  
rechts – links  
innen – außen  
zwischen  
auf  
über – unter

**2** Wo liegen die Gegenstände?

a) b) c)

**3**

**4**

**5** Fünf Würfe! Wer hat gewonnen?

Sabine   Peter   Ulla

1 und 2 Lagebeziehungen beschreiben. 3 und 4 Es gibt jeweils sechs Möglichkeiten, die Steckwürfel oder Stäbe anzuordnen. 5 Zuerst müssen sich die Kinder einigen, wie die Treffer auf den Linien zu werten sind.

# Rechnen mit Geld

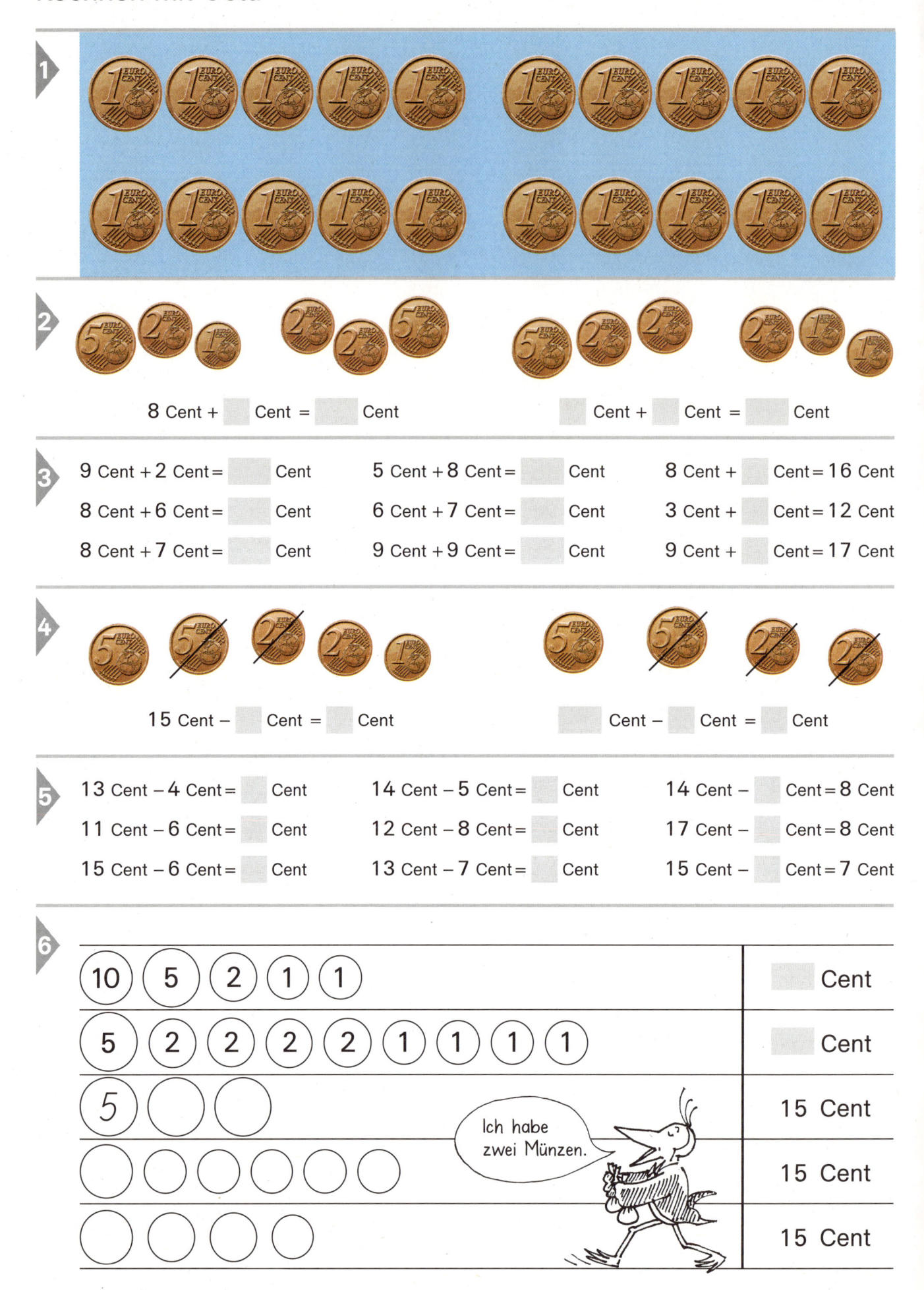

**1** 

**2** 

8 Cent + ▢ Cent = ▢ Cent        ▢ Cent + ▢ Cent = ▢ Cent

**3** 
9 Cent + 2 Cent = ▢ Cent        5 Cent + 8 Cent = ▢ Cent        8 Cent + ▢ Cent = 16 Cent
8 Cent + 6 Cent = ▢ Cent        6 Cent + 7 Cent = ▢ Cent        3 Cent + ▢ Cent = 12 Cent
8 Cent + 7 Cent = ▢ Cent        9 Cent + 9 Cent = ▢ Cent        9 Cent + ▢ Cent = 17 Cent

**4** 

15 Cent − ▢ Cent = ▢ Cent        ▢ Cent − ▢ Cent = ▢ Cent

**5** 
13 Cent − 4 Cent = ▢ Cent        14 Cent − 5 Cent = ▢ Cent        14 Cent − ▢ Cent = 8 Cent
11 Cent − 6 Cent = ▢ Cent        12 Cent − 8 Cent = ▢ Cent        17 Cent − ▢ Cent = 8 Cent
15 Cent − 6 Cent = ▢ Cent        13 Cent − 7 Cent = ▢ Cent        15 Cent − ▢ Cent = 7 Cent

**6**

| Münzen | Betrag |
|---|---|
| ⑩ ⑤ ② ① ① | ▢ Cent |
| ⑤ ② ② ② ② ① ① ① ① | ▢ Cent |
| ⑤ ○ ○ | 15 Cent |
| ○ ○ ○ ○ ○ | 15 Cent |
| ○ ○ ○ ○ | 15 Cent |

„Ich habe zwei Münzen."

**1** Über die Struktur sprechen (Zwanzigerfeld, Fünfer-, Zehnergruppierung).
Der Zehnerübergang mit plus und minus wird mit Geld dargestellt.
Die Kinder legen die Aufgaben mit Spielgeld und notieren dann die Lösungen.

# Rechnen mit Geld

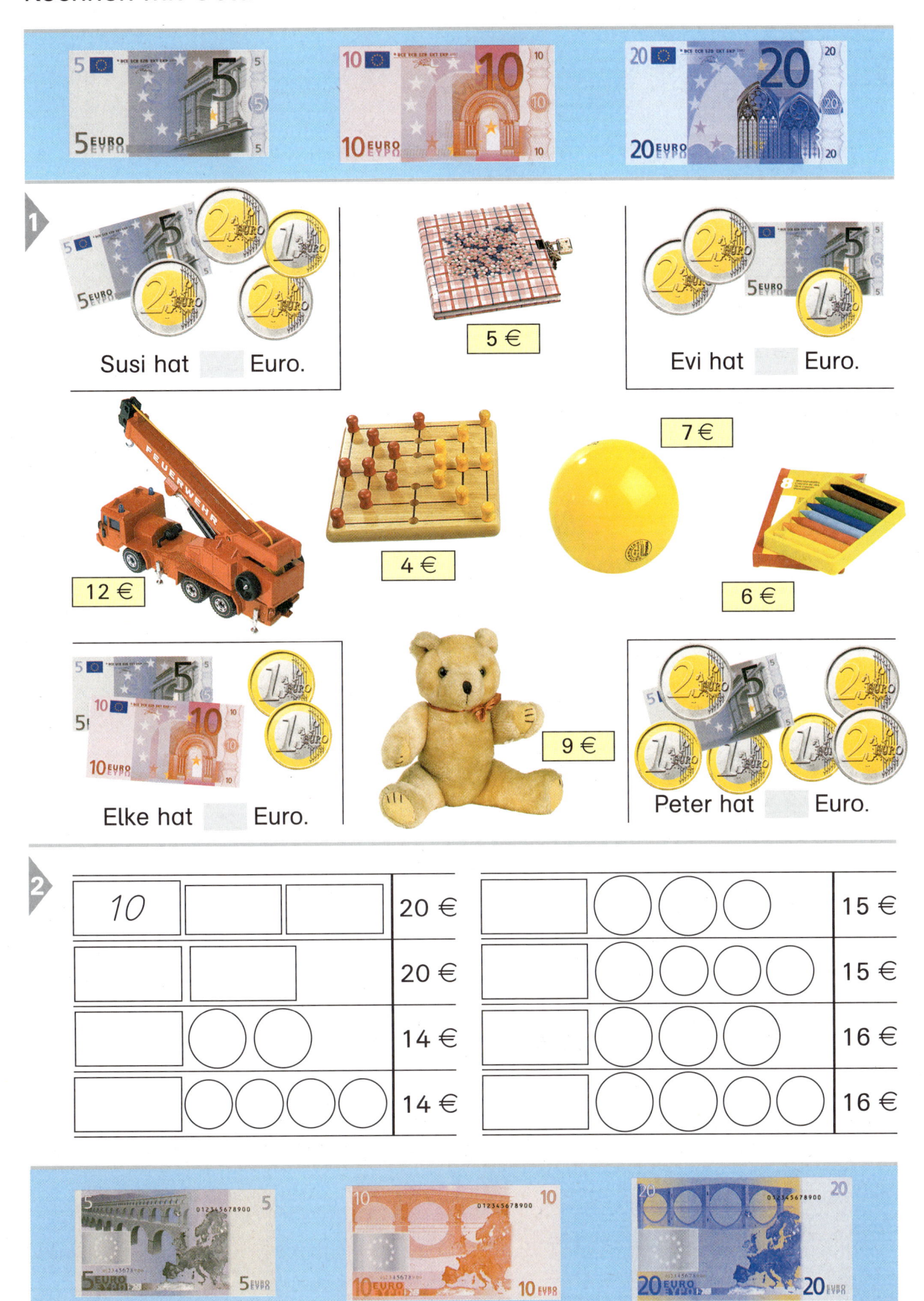

**1**

Susi hat ___ Euro.

5 €

Evi hat ___ Euro.

12 €

4 €

7 €

6 €

Elke hat ___ Euro.

9 €

Peter hat ___ Euro.

**2**

| 10 | | | 20 € | | ○ | ○ | ○ | 15 € |
|---|---|---|---|---|---|---|---|---|
| | | | 20 € | | ○ | ○ | ○ | 15 € |
| | ○ | ○ | 14 € | | ○ | ○ | ○ | 16 € |
| | ○ | ○ | ○ | ○ | 14 € | | ○ | ○ | ○ | ○ | 16 € |

1 Die Geldbeträge werden verglichen (Peter hat … , Elke …). Was können die Kinder kaufen?
Es werden Rechengeschichten erzählt und Zahlensätze dazu notiert.
2 Verschiedene Möglichkeiten zur Darstellung eines Geldbetrages werden gesucht.

# Nachbaraufgaben mit plus

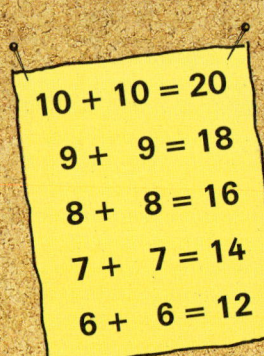

**1**

6 + 6 = 12
6 + 7 =

7 + 7 =
8 + 7 =

8 + 8 =
7 + 8 =

9 + 9 =
9 + 8 =

**2**
4 + 5 =
5 + 6 =
8 + 9 =
7 + 6 =
6 + 5 =

4 + 4 = 8
5 + 5 = 10
8 + 8 = 16
7 + 7 = 14
6 + 6 = 12

7 + 4 =
8 + 3 =
6 + 3 =
4 + 7 =
2 + 9 =

7 + 3 = 10
8 + 2 = 10
6 + 4 = 10
4 + 6 = 10
1 + 9 = 10

**3**
4 + 4 =
5 + 4 =
6 + 4 =
7 + 4 =

5 + 5 =
6 + 5 =
7 + 5 =
8 + 5 =

7 + 7 =
7 + 6 =
7 + 5 =
7 + 4 =

6 + 6 =
6 + 7 =
6 + 8 =
6 + 9 =

8 + 8 =
8 + 7 =
8 + 6 =
8 + 5 =

**4**

10 + 10 = 20
9 + 9 = 18
8 + 8 = 16
7 + 7 = 14
6 + 6 = 12

5 + 5 = 10
4 + 4 = 8
3 + 3 = 6
2 + 2 = 4
1 + 1 = 2

6 + 5 =
6 + 6 =
6 + 7 =

9 + 8 =
9 + 9 =
9 + 10 =

7 + 8 =
8 + 8 =
9 + 8 =

6 + 7 =
7 + 7 =
8 + 7 =

**5**
7 + 3 =
7 + 4 =
6 + 4 =
6 + 5 =

10 + 6 =
9 + 6 =
10 + 8 =
9 + 8 =

**6**

| + | 5 | 6 | 7 | 8 | 9 |
|---|---|---|---|---|---|
| 5 | 10 | | | | |
| 6 | | | | | |
| 7 | | | | | |

Zu einer Grundaufgabe lassen sich vier Nachbaraufgaben bilden,
zwei durch Veränderung der ersten und zwei durch Veränderung der zweiten Zahl.
**4** Die Grundaufgaben müssen auswendig beherrscht werden.

# Nachbaraufgaben mit minus

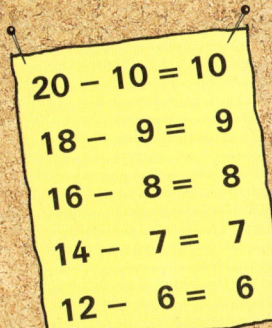

**1**

12 − 6 = 6
12 − 7 =

14 − 7 =
14 − 6 =

16 − 8 =
17 − 8 =

18 − 9 =
17 − 9 =

**2**
14 − 8 =
12 − 5 =
16 − 9 =
13 − 7 =
15 − 8 =

> 14 − 7 = 7
> 12 − 6 = 6
> 16 − 8 = 8
> 14 − 7 = 7
> 16 − 8 = 8

14 − 5 =
13 − 4 =
15 − 6 =
17 − 8 =
16 − 7 =

> 14 − 4 = 10
> 13 − 3 = 10
> 15 − 5 = 10
> 17 − 7 = 10
> 16 − 6 = 10

**3**
10 − 5 =
10 − 6 =
10 − 7 =
10 − 8 =

12 − 6 =
12 − 7 =
12 − 8 =
12 − 9 =

14 − 7 =
14 − 6 =
14 − 5 =
14 − 4 =

16 − 8 =
16 − 7 =
16 − 6 =
16 − 5 =

18 − 9 =
18 − 8 =
18 − 7 =
18 − 6 =

**4**

20 − 10 = 10
18 − 9 = 9
16 − 8 = 8
14 − 7 = 7
12 − 6 = 6

10 − 5 = 5
8 − 4 = 4
6 − 3 = 3
4 − 2 = 2
2 − 1 = 1

12 − 5 =
12 − 6 =
12 − 7 =

15 − 8 =
16 − 8 =
17 − 8 =

14 − 6 =
14 − 7 =
14 − 8 =

17 − 9 =
18 − 9 =
19 − 9 =

**5**
17 − 7 = 10
17 − 8 =
15 − 5 =
15 − 6 =

13 − 3 =
13 − 4 =
19 − 9 =
19 − 8 =

**6**

| − | 8 | 7 | 6 | 5 | 4 |
|---|---|---|---|---|---|
| 16 | 8 | | | | |
| 15 | | | | | |
| 14 | | | | | |

Zu einer Grundaufgabe lassen sich vier Nachbaraufgaben bilden,
zwei durch Veränderung der ersten und zwei durch Veränderung der zweiten Zahl.
**4** Die Grundaufgaben müssen auswendig beherrscht werden.

# Verwandte Aufgaben mit minus

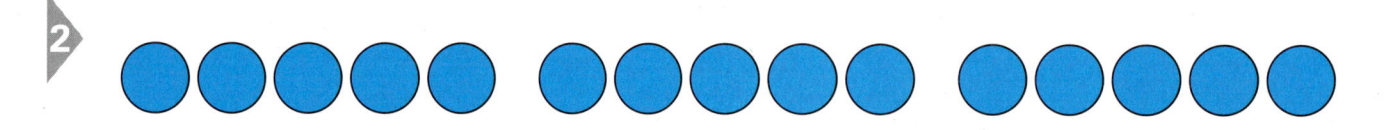

**1**

12 − 4 = ☐    12 − 2 = ☐    12 − 3 = ☐    12 − ☐ = ☐
12 − 8 = ☐    12 − ☐ = ☐    12 − ☐ = ☐    12 − ☐ = ☐

**2**

15 − 6 = ☐    15 − 7 = ☐    15 − 4 = ☐    15 − ☐ = ☐
15 − ☐ = 6    ☐ − ☐ = ☐    ☐ − ☐ = ☐    ☐ − ☐ = ☐

**3**

13 − 4 = ☐    14 − 5 = ☐    17 − 8 = ☐    12 − 0 = ☐
13 − ☐ = 4    14 − ☐ = ☐    17 − ☐ = ☐    ☐ − ☐ = ☐

10 − 2 = ☐    18 − 5 = ☐    20 − 6 = ☐    16 − ☐ = ☐
10 − ☐ = ☐    ☐ − ☐ = ☐    ☐ − ☐ = ☐    ☐ − ☐ = ☐

**4**

16 − 7 = ☐
16 − ☐ = 7

10 − 4    13 − 5    11 − 3    ~~16 − 7~~    15 − 4    18 − 10    12 − 9
14 − 6    9 − 9    17 − 4    20 − 8    12 − 6    15 − 8    14 − 5    13 − 8

Zu jeder Aufgabe wird auch die verwandte Minusaufgabe notiert.
**1 und 2** Die Kinder können alle Aufgaben durch Abdecken zeigen.

# Ein Bild – vier Aufgaben: Aufgabenfamilien

**1**
9 + 6 = 
6 + 9 = 

15 − 6 = 
15 − 9 = 

**2**
2 + 7 = 
7 + 2 = 
9 − 7 = 
9 − 2 = 

8 + 9 = 
9 + ☐ = 
17 − 9 = 
17 − ☐ = 

12 + 4 = 
4 + 12 = 
16 − 4 = 
16 − 12 = 

13 + 6 = 
6 + 13 = 
19 − ☐ = 
19 − ☐ = 

**3**

Haus 1: 11 / 7 4
7 + 4 = 
4 + 7 = 
11 − 4 = 
11 − 7 = 

Haus 2: 10 / 7 3
7 + 3 = 
☐ + ☐ = 
10 − ☐ = 
☐ − ☐ = 

Haus 3: 17 / 12 5
12 + 5 = 
☐ + ☐ = 
☐ − ☐ = 
☐ − ☐ = 

Haus 4: ☐ / 17 2
17 + 2 = 
☐ + ☐ = 
☐ − ☐ = 
☐ − ☐ = 

Haus 5:
☐ + 4 = 18
☐ + ☐ = 
☐ − ☐ = 
☐ − ☐ = 

Haus 6:
☐ + ☐ = 
8 + 5 = 
☐ − ☐ = 
☐ − ☐ = 

**4**
7 + 5 = 
5 + 7 = 
12 − 5 = 
12 − 7 = 

18 / 7
12 / 7 5
15 / 8
6 + 8 = 
9 / 9
13 / 0
14 / 5

1 An einer Darstellung lassen sich die vier Aufgaben einer „Aufgabenfamilie" ablesen.
3 und 4 Alle vier Aufgaben ergeben sich aus den Zahlen im Dach eines Hauses.

# Wiederholung

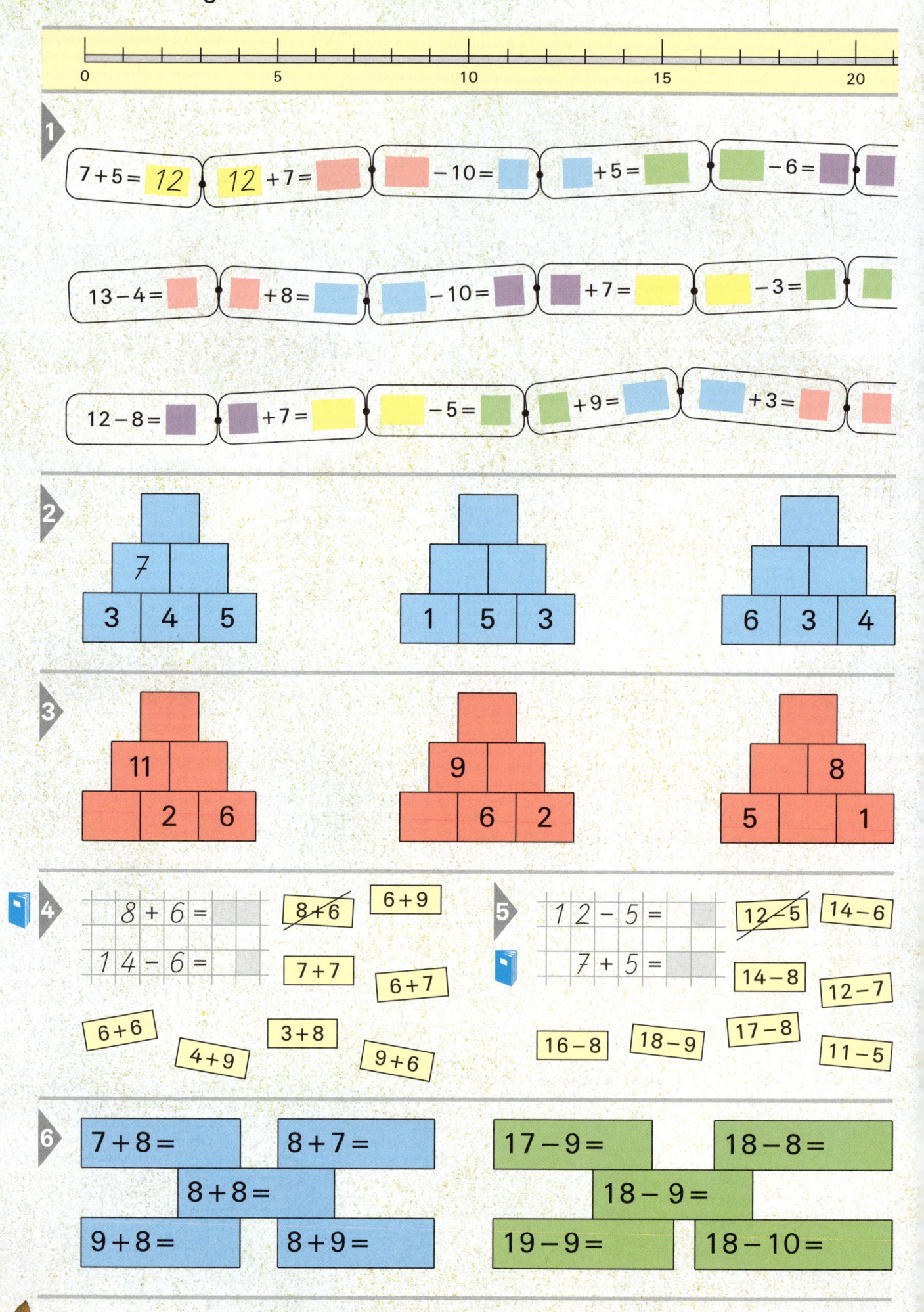

0  5  10  15  20

**1**

7 + 5 = **12** • **12** + 7 = ☐ • ☐ − 10 = ☐ • ☐ + 5 = ☐ • ☐ − 6 = ☐

13 − 4 = ☐ • ☐ + 8 = ☐ • ☐ − 10 = ☐ • ☐ + 7 = ☐ • ☐ − 3 = ☐

12 − 8 = ☐ • ☐ + 7 = ☐ • ☐ − 5 = ☐ • ☐ + 9 = ☐ • ☐ + 3 = ☐

**2**

| 7 |
| 3 | 4 | 5 |

| 1 | 5 | 3 |

| 6 | 3 | 4 |

**3**

| 11 |
| | 2 | 6 |

| 9 |
| | 6 | 2 |

| | 8 |
| 5 | | 1 |

**4**
8 + 6 =
14 − 6 =

8 + 6   6 + 9
7 + 7   6 + 7
6 + 6   3 + 8
4 + 9   9 + 6

**5**
12 − 5 =
7 + 5 =

12 − 5   14 − 6
14 − 8   12 − 7
16 − 8   18 − 9   17 − 8   11 − 5

**6**

7 + 8 =   8 + 7 =
   8 + 8 =
9 + 8 =   8 + 9 =

17 − 9 =   18 − 8 =
   18 − 9 =
19 − 9 =   18 − 10 =

Die bisher bekannten Rechenverfahren werden in verschiedenen Varianten geübt.
**1** Die Rechenketten können fortgesetzt werden.

# Knacknüsse

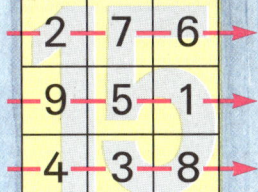

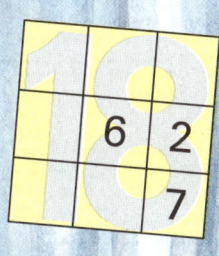

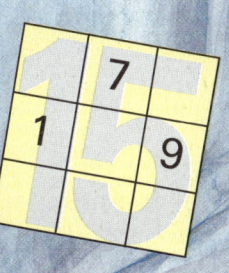

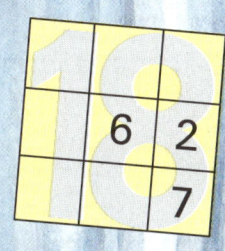

## ZAUBERQUADRATE

| 2 | 7 | 6 |
|---|---|---|
| 9 | 5 | 1 |
| 4 | 3 | 8 |

2 + 7 + 6 = ☐
9 + 5 + 1 = ☐
4 + 3 + 8 = ☐

| 2 | 7 | 6 |
|---|---|---|
| 9 | 5 | 1 |
| 4 | 3 | 8 |

2 + 9 + 4 = ☐
7 + 5 + 3 = ☐
6 + 1 + 8 = ☐

| 2 | 7 | 6 |
|---|---|---|
| 9 | 5 | 1 |
| 4 | 3 | 8 |

2 + 5 + 8 = ☐
4 + 5 + 6 = ☐

12:
|   | 0 | 5 |
|---|---|---|
|   | 4 |   |
|   |   |   |

18:
|   | 6 | 2 |
|---|---|---|
|   |   | 7 |
|   |   |   |

15:
|   |   |   |
|---|---|---|
|   | 5 | 3 |
|   |   | 4 |

15:
|   | 7 |   |
|---|---|---|
|   |   |   |
| 1 |   | 9 |

Zahlenplättchen: 1, 3, 4, 5, 6, 2, 7, 8, 9, 0, 10

## ZAUBERDREIECKE

Beispiel (blau):
- 1 + 6 + 2 = 9
- 1 + 5 + 3 = 9
- 2 + 4 + 3 = ☐

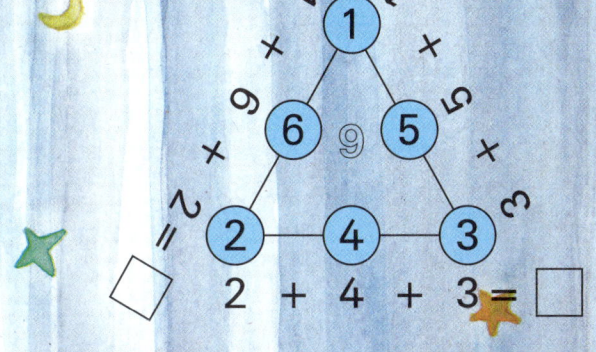

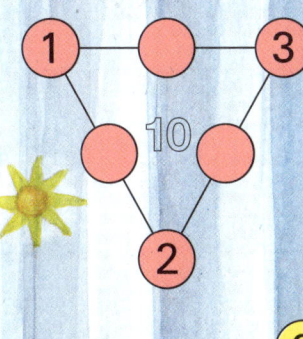

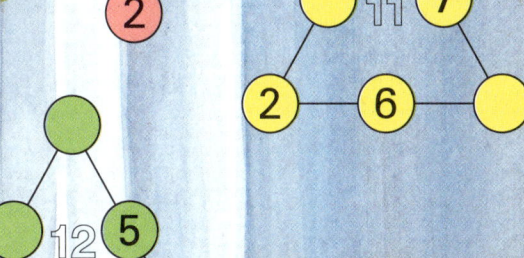

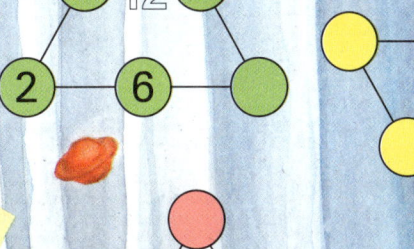

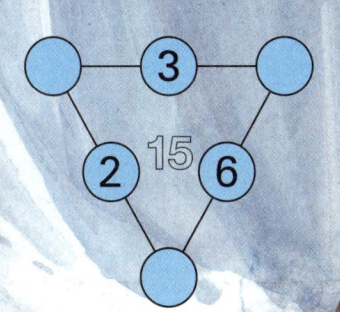

Dreiecke mit Summen:
- rot: 1, 3, 2 – Summe 10
- gelb: 7, 2, 6 – Summe 11
- grün: 2, 6, 5 – Summe 12
- gelb: 8, 2, 1 – Summe 13
- rot: 3, 1, 2 – Summe 14
- blau: 3, 2, 6 – Summe 15

---

Zauberquadrate: Die Summe der Zahlen in jeder Zeile, Spalte und Diagonale ist gleich.
Zauberdreiecke: Die Summe der Zahlen auf jeder Dreieckseite ist gleich.

# Rechnen bis 20 – Ergänzen

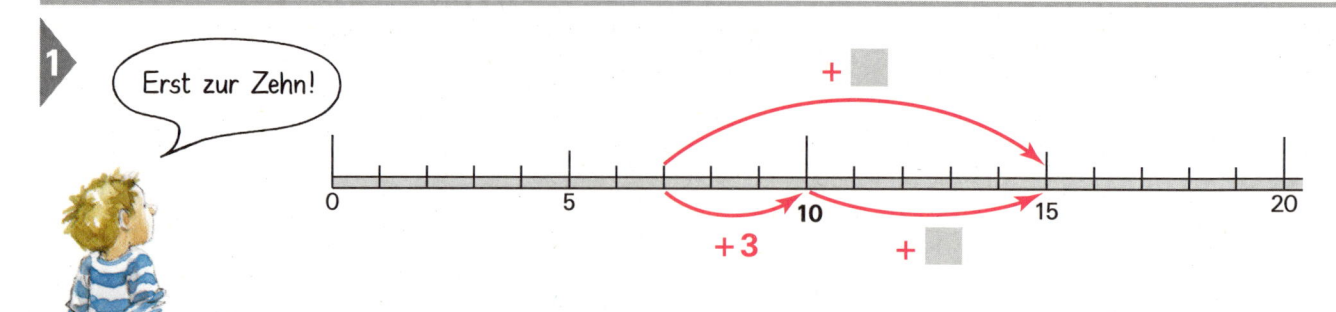

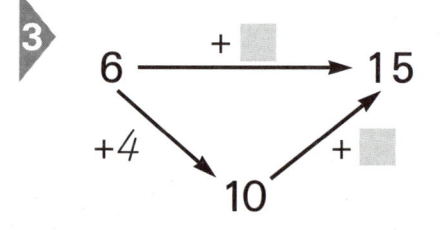

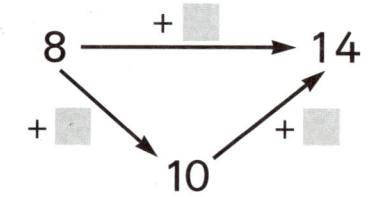

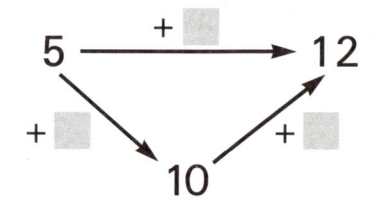

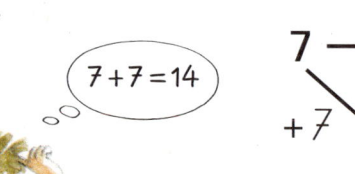

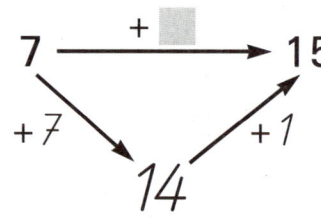

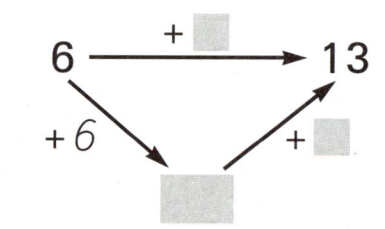

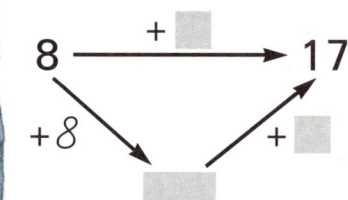

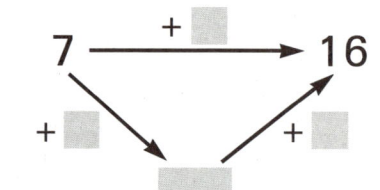

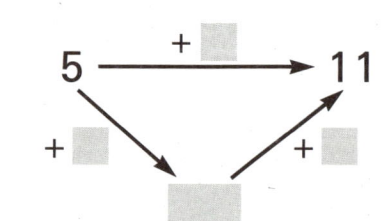

**1** "Erst zur Zehn!"

7 + ☐ = 15        7 + 3 + ☐ = 15

**2**
8 + ☐ = 13        3 + ☐ = 12        6 + ☐ = 14
8 + 2 + ☐ = 13    3 + ☐ + ☐ = 12    6 + ☐ + ☐ = 14

9 + ☐ = 15        8 + ☐ = 14        4 + ☐ = 11
9 + ☐ + ☐ = 15    8 + ☐ + ☐ = 14    4 + ☐ + ☐ = 11

**3**
6 →+☐→ 15, +4↓ 10 →+☐↗
8 →+☐→ 14, +☐↓ 10 →+☐↗
5 →+☐→ 12, +☐↓ 10 →+☐↗

**4** 7 + 7 = 14

7 →+☐→ 15, +7↓ 14 →+1↗
6 →+☐→ 13, +6↓ ☐ →+☐↗

8 →+☐→ 17, +8↓ ☐ →+☐↗
7 →+☐→ 16, +☐↓ ☐ →+☐↗
5 →+☐→ 11, +☐↓ ☐ →+☐↗

**5**
4 + ☐ = 11   9 + ☐ = 12   2 + ☐ = 11   9 + ☐ = 14   7 + ☐ = 14
3 + ☐ = 12   7 + ☐ = 13   7 + ☐ = 12   6 + ☐ = 11   6 + ☐ = 12
7 + ☐ = 16   4 + ☐ = 12   9 + ☐ = 13   5 + ☐ = 13   8 + ☐ = 16
5 + ☐ = 11   8 + ☐ = 11   5 + ☐ = 14   5 + ☐ = 14   9 + ☐ = 18
9 + ☐ = 14   8 + ☐ = 12   3 + ☐ = 11   6 + ☐ = 15   9 + ☐ = 17

Am Zahlenstrahl wird über den Zehner hinweg in zwei Schritten ergänzt: erst bis zum Zehner, dann darüber hinaus. Der Zahlenstrahl dient als Rechenhilfe.
**4** Die Verdoppelungen werden als Rechenhilfe genutzt.

# Rechnen bis 20

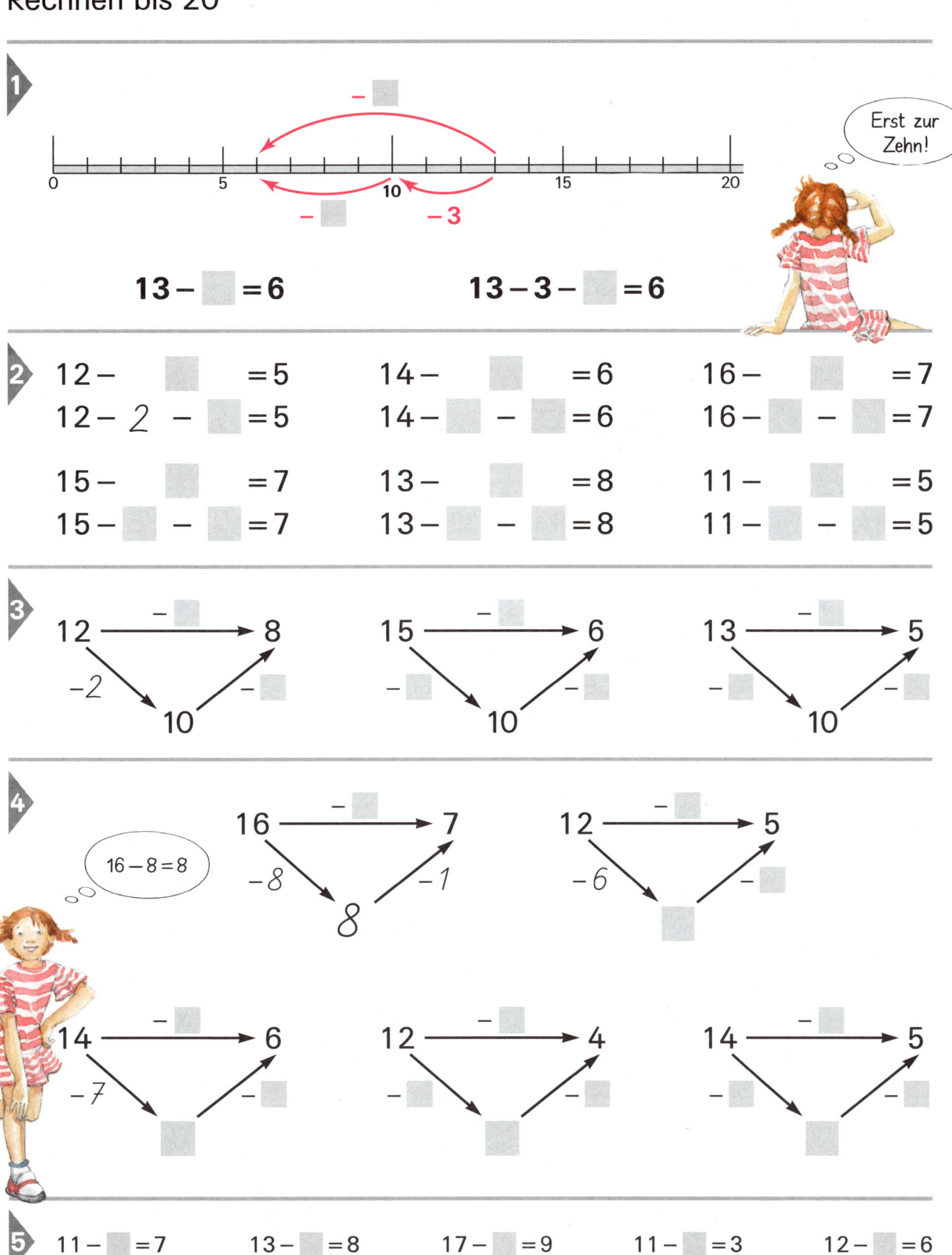

**1**

13 − ☐ = 6        13 − 3 − ☐ = 6

*Erst zur Zehn!*

**2**
| | | |
|---|---|---|
| 12 − ☐ = 5 | 14 − ☐ = 6 | 16 − ☐ = 7 |
| 12 − 2 − ☐ = 5 | 14 − ☐ − ☐ = 6 | 16 − ☐ − ☐ = 7 |
| 15 − ☐ = 7 | 13 − ☐ = 8 | 11 − ☐ = 5 |
| 15 − ☐ − ☐ = 7 | 13 − ☐ − ☐ = 8 | 11 − ☐ − ☐ = 5 |

**3**

12 →(−☐)→ 8, −2 ↘ 10 ↗ −☐

15 →(−☐)→ 6, −☐ ↘ 10 ↗ −☐

13 →(−☐)→ 5, −☐ ↘ 10 ↗ −☐

**4**  *16 − 8 = 8*

16 →(−☐)→ 7, −8 ↘ 8 ↗ −1

12 →(−☐)→ 5, −6 ↘ ☐ ↗ −☐

14 →(−☐)→ 6, −7 ↘ ☐ ↗ −☐

12 →(−☐)→ 4, −☐ ↘ ☐ ↗ −☐

14 →(−☐)→ 5, −☐ ↘ ☐ ↗ −☐

**5**
| | | | | |
|---|---|---|---|---|
| 11 − ☐ = 7 | 13 − ☐ = 8 | 17 − ☐ = 9 | 11 − ☐ = 3 | 12 − ☐ = 6 |
| 16 − ☐ = 9 | 13 − ☐ = 9 | 11 − ☐ = 2 | 15 − ☐ = 9 | 18 − ☐ = 9 |
| 17 − ☐ = 8 | 11 − ☐ = 6 | 14 − ☐ = 7 | 12 − ☐ = 7 | 14 − ☐ = 7 |
| 11 − ☐ = 4 | 15 − ☐ = 8 | 13 − ☐ = 7 | 14 − ☐ = 9 | 16 − ☐ = 8 |
| 12 − ☐ = 3 | 16 − ☐ = 7 | 13 − ☐ = 6 | 15 − ☐ = 7 | 15 − ☐ = 6 |

In zwei Minusschritten wird über den Zehner hinweg gerechnet: erst zum Zehner abwärts, dann darüber hinaus. Der Zahlenstrahl dient als Rechenhilfe.
**4** Die Halbierungen werden als Rechenhilfe genutzt.

# Rechnen mit drei Zahlen

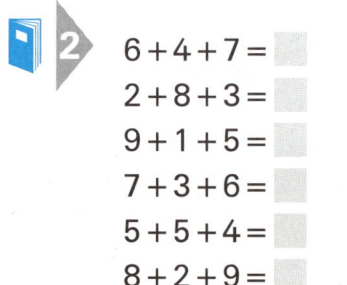

**1**

☐ Euro + ☐ Euro + ☐ Euro = ☐ Euro

**2**

| | | | |
|---|---|---|---|
| 6 + 4 + 7 = | 5 + 3 + ☐ = 12 | 15 − 5 − 3 = | 14 − 7 − ☐ = 5 |
| 2 + 8 + 3 = | 6 + ☐ + 1 = 14 | 12 − 2 − 5 = | 12 − 6 − ☐ = 3 |
| 9 + 1 + 5 = | 4 + 5 + ☐ = 16 | 16 − 6 − 4 = | 18 − ☐ − 9 = 6 |
| 7 + 3 + 6 = | 2 + 6 + ☐ = 13 | 18 − 8 − 6 = | 16 − 8 − ☐ = 4 |
| 5 + 5 + 4 = | 3 + ☐ + 4 = 11 | 13 − 3 − 2 = | 17 − ☐ − 5 = 8 |
| 8 + 2 + 9 = | 8 + ☐ + 1 = 18 | 17 − 7 − 1 = | 15 − 4 − ☐ = 9 |

**3**

6 + 5 + 3 =
6 + 3 + 5 =
5 + 6 + 3 =
5 + 3 + ☐ =

**4**

100

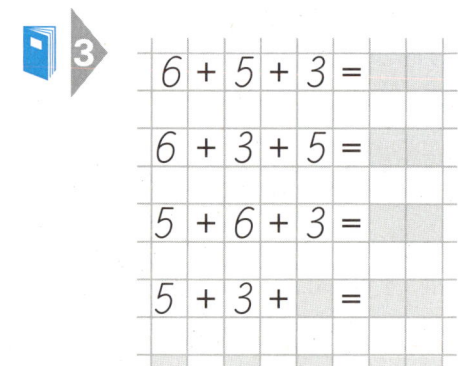

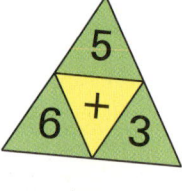

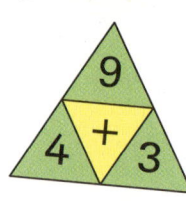

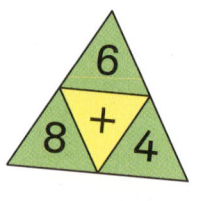

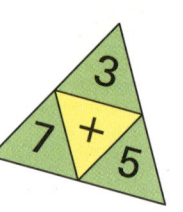

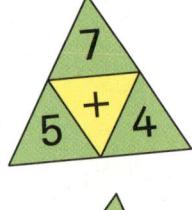

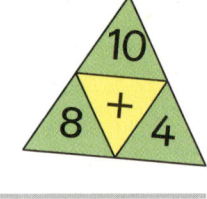

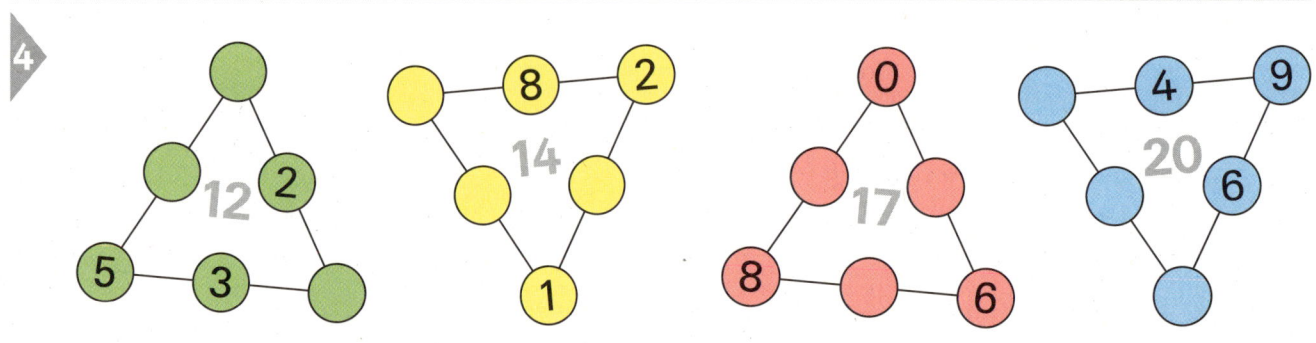

Hier wird zehnerüberschreitend mit drei Zahlen gerechnet.
**1** Es lassen sich viele Aufgaben bilden.
**3** Zu jedem Zahlendreieck kann man sechs Aufgaben bilden.

# Größer als – kleiner als – gleich

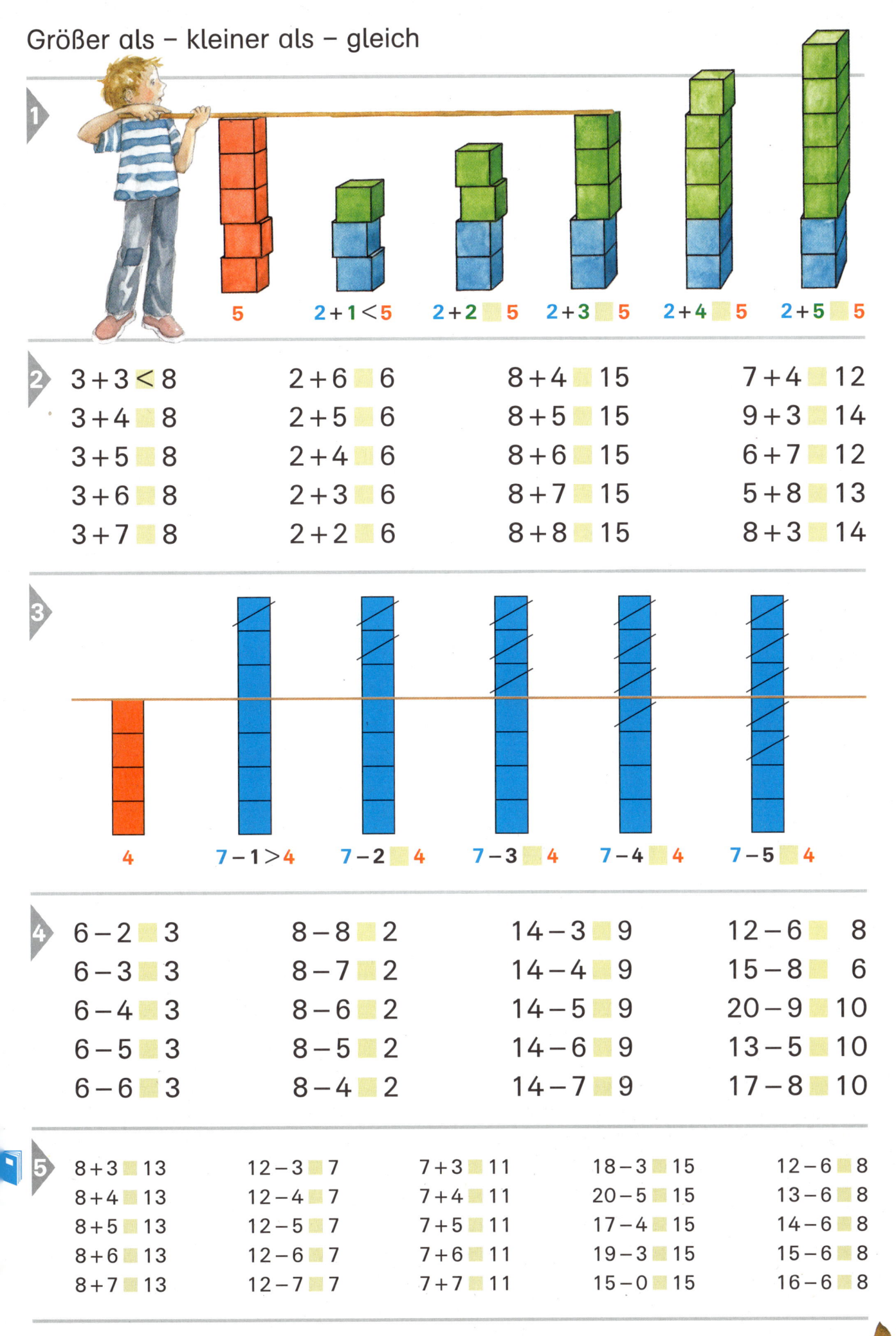

**1**  5   2+1<5   2+2 ▭ 5   2+3 ▭ 5   2+4 ▭ 5   2+5 ▭ 5

**2**
| 3+3 < 8 | 2+6 ▭ 6 | 8+4 ▭ 15 | 7+4 ▭ 12 |
| 3+4 ▭ 8 | 2+5 ▭ 6 | 8+5 ▭ 15 | 9+3 ▭ 14 |
| 3+5 ▭ 8 | 2+4 ▭ 6 | 8+6 ▭ 15 | 6+7 ▭ 12 |
| 3+6 ▭ 8 | 2+3 ▭ 6 | 8+7 ▭ 15 | 5+8 ▭ 13 |
| 3+7 ▭ 8 | 2+2 ▭ 6 | 8+8 ▭ 15 | 8+3 ▭ 14 |

**3**  4   7−1>4   7−2 ▭ 4   7−3 ▭ 4   7−4 ▭ 4   7−5 ▭ 4

**4**
| 6−2 ▭ 3 | 8−8 ▭ 2 | 14−3 ▭ 9 | 12−6 ▭ 8 |
| 6−3 ▭ 3 | 8−7 ▭ 2 | 14−4 ▭ 9 | 15−8 ▭ 6 |
| 6−4 ▭ 3 | 8−6 ▭ 2 | 14−5 ▭ 9 | 20−9 ▭ 10 |
| 6−5 ▭ 3 | 8−5 ▭ 2 | 14−6 ▭ 9 | 13−5 ▭ 10 |
| 6−6 ▭ 3 | 8−4 ▭ 2 | 14−7 ▭ 9 | 17−8 ▭ 10 |

**5**
| 8+3 ▭ 13 | 12−3 ▭ 7 | 7+3 ▭ 11 | 18−3 ▭ 15 | 12−6 ▭ 8 |
| 8+4 ▭ 13 | 12−4 ▭ 7 | 7+4 ▭ 11 | 20−5 ▭ 15 | 13−6 ▭ 8 |
| 8+5 ▭ 13 | 12−5 ▭ 7 | 7+5 ▭ 11 | 17−4 ▭ 15 | 14−6 ▭ 8 |
| 8+6 ▭ 13 | 12−6 ▭ 7 | 7+6 ▭ 11 | 19−3 ▭ 15 | 15−6 ▭ 8 |
| 8+7 ▭ 13 | 12−7 ▭ 7 | 7+7 ▭ 11 | 15−0 ▭ 15 | 16−6 ▭ 8 |

Rechensätze werden mit Zahlen verglichen.

# Flohmarkt

Auf dem Flohmarkt gibt es viele Gelegenheiten zum Kaufen und Verkaufen.
Es werden Rechengeschichten erzählt, nachgespielt, als Aufgaben notiert und gerechnet.

# Flohmarkt

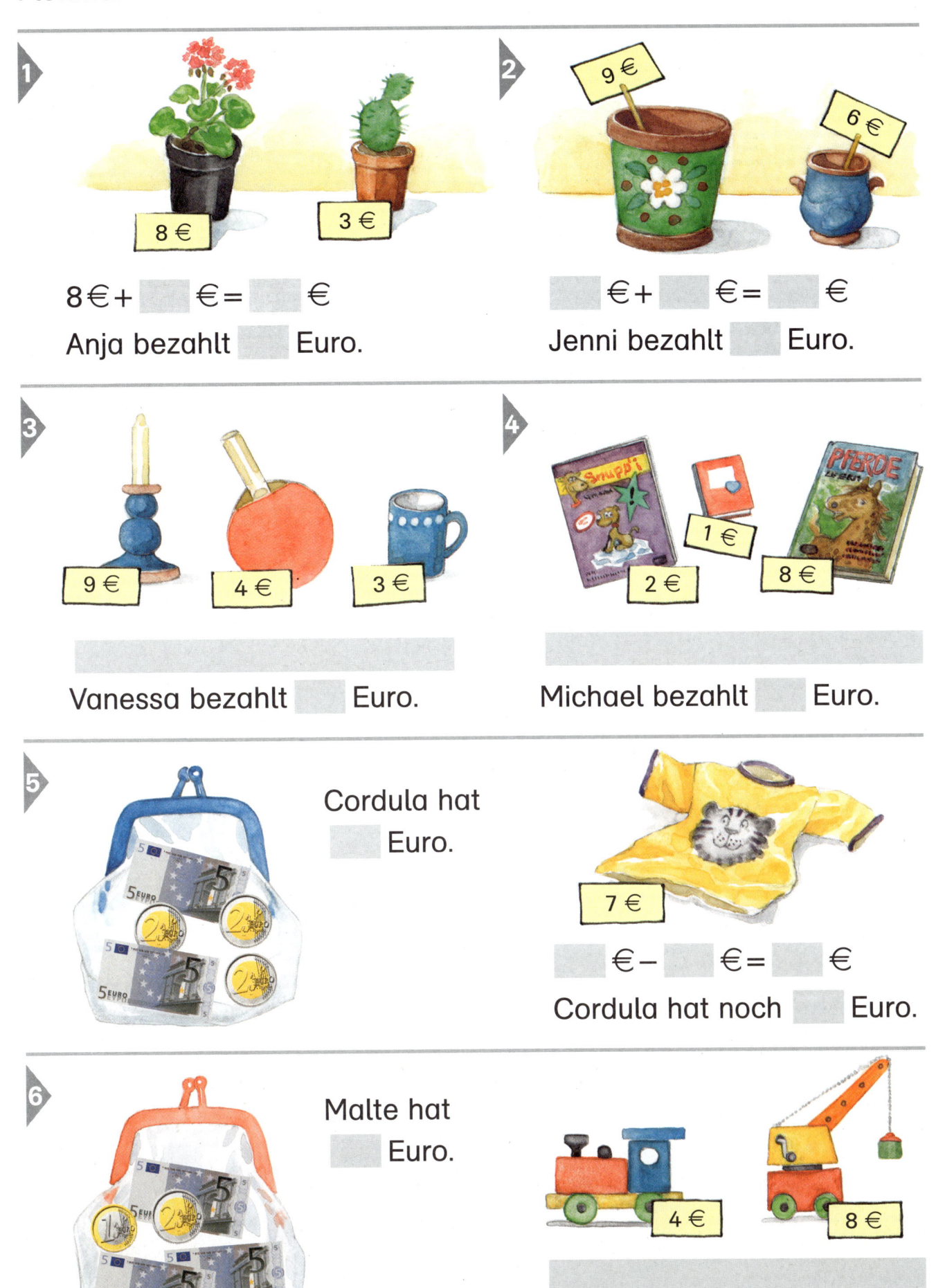

**1**

8 € + ☐ € = ☐ €

Anja bezahlt ☐ Euro.

**2**

☐ € + ☐ € = ☐ €

Jenni bezahlt ☐ Euro.

**3**

Vanessa bezahlt ☐ Euro.

**4**

Michael bezahlt ☐ Euro.

**5**

Cordula hat ☐ Euro.

☐ € − ☐ € = ☐ €

Cordula hat noch ☐ Euro.

**6**

Malte hat ☐ Euro.

Malte hat noch ☐ Euro.

Sachsituationen zum Thema „Flohmarkt" werden gespielt, die Rechensätze mit Spielgeld gelegt und notiert.

## Zehnerzahlen bis 100

**1**

Setze fort:

10 + 10
20 + 10
30 + ☐
☐ + 10
☐ + ☐
☐ + ☐
☐ + ☐
☐ + ☐
☐ + ☐

**2** Wie geht es weiter?

| 1 | 2 | 3 | | | | | | | 10 |
|---|---|---|---|---|---|---|---|---|---|

| 10 | 20 | | | | | | | | |
|----|----|---|---|---|---|---|---|---|---|

**3**

20 + 10 = ☐        ☐ + 10 = 40        40 − 10 = ☐        ☐ − 10 = 20
40 + 10 = ☐        ☐ + 10 = 60        60 − 10 = ☐        ☐ − 10 = 40
60 + ☐ = 70        ☐ + 10 = 80        80 − ☐ = 70        ☐ − 10 = 60
80 + ☐ = 90        10 + ☐ = 100       100 − ☐ = 90       90 − ☐ = 80

**4**

104 Zehnerzahlen bis 100 kennen lernen.
1 Jede neue Zehnerzahl ergibt sich durch Addition mit 10. 3 Gleichungen mit Zehnerzahlen lösen.
4 Vorstellen und Vergleichen der Geldscheine.

# Rechnen mit Zehnerzahlen

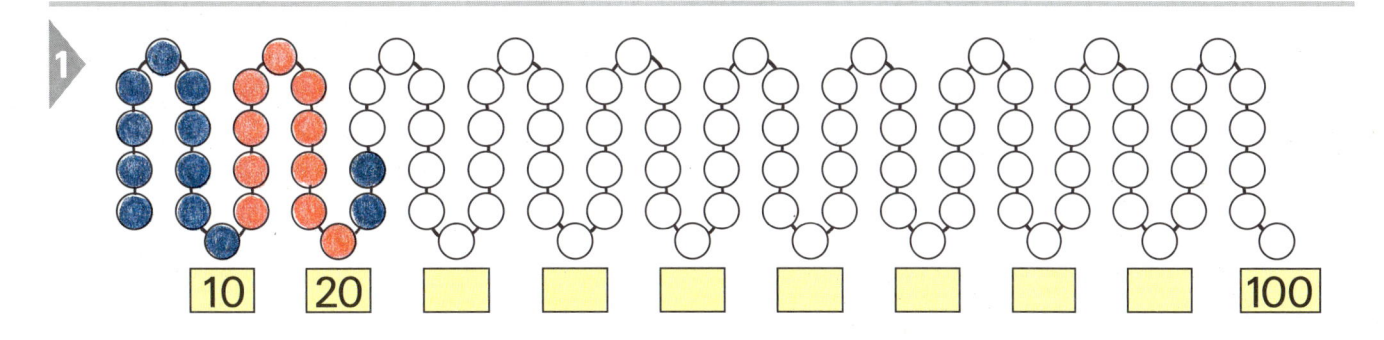

**1** 

| 10 | 20 |  |  |  |  |  |  |  | 100 |

**2**
| 30 + 20 = | 50 + 40 = | 60 + ☐ = 80 | 30 + ☐ = 70 |
| 40 + 20 = | 40 + 50 = | 50 + ☐ = 80 | 50 + ☐ = 60 |
| 50 + 20 = | 30 + 60 = | 40 + ☐ = 80 | 20 + ☐ = 90 |
| 60 + 20 = | 20 + 70 = | 30 + ☐ = 80 | 40 + ☐ = 70 |

**3**
| 20 + 50 = | 50 + 10 = | 70 + ☐ = 90 | 80 + ☐ = 100 |
| 20 + 40 = | 50 + 20 = | 60 + ☐ = 90 | 60 + ☐ = 100 |
| 20 + 30 = | 50 + 30 = | 50 + ☐ = 90 | 40 + ☐ = 100 |
| 20 + 20 = | 50 + 40 = | 40 + ☐ = 90 | 20 + ☐ = 100 |

**4**
| 60 − 30 = | 30 − 30 = | 50 − ☐ = 20 | 30 − ☐ = 10 |
| 70 − 40 = | 40 − 30 = | 60 − ☐ = 20 | 40 − ☐ = 20 |
| 80 − 50 = | 50 − 30 = | 70 − ☐ = 20 | 50 − ☐ = 30 |
| 90 − 60 = | 60 − 30 = | 80 − ☐ = 20 | 60 − ☐ = 40 |

**5**
| 80 − 0 = | 70 − 10 = | 100 − ☐ = 60 | 20 − ☐ = 0 |
| 80 − 50 = | 60 − 20 = | 90 − ☐ = 50 | 40 − ☐ = 20 |
| 80 − 40 = | 50 − 30 = | 80 − ☐ = 40 | 60 − ☐ = 40 |
| 80 − 30 = | 40 − 40 = | 70 − ☐ = 30 | 80 − ☐ = 60 |

**6**

| 70 | 90 | 20 | 40 |
| 50 + 20 | + | 50 − 30 | − |
| + | + | − | − |
| + | + | − | − |
| + | + | − | − |

Es wird mit Zehnerzahlen bis 100 gerechnet. Die Aufgaben lassen sich an der Kette von Aufgabe **1** oder am Hunderterfeld der vorangegangenen Seite veranschaulichen.

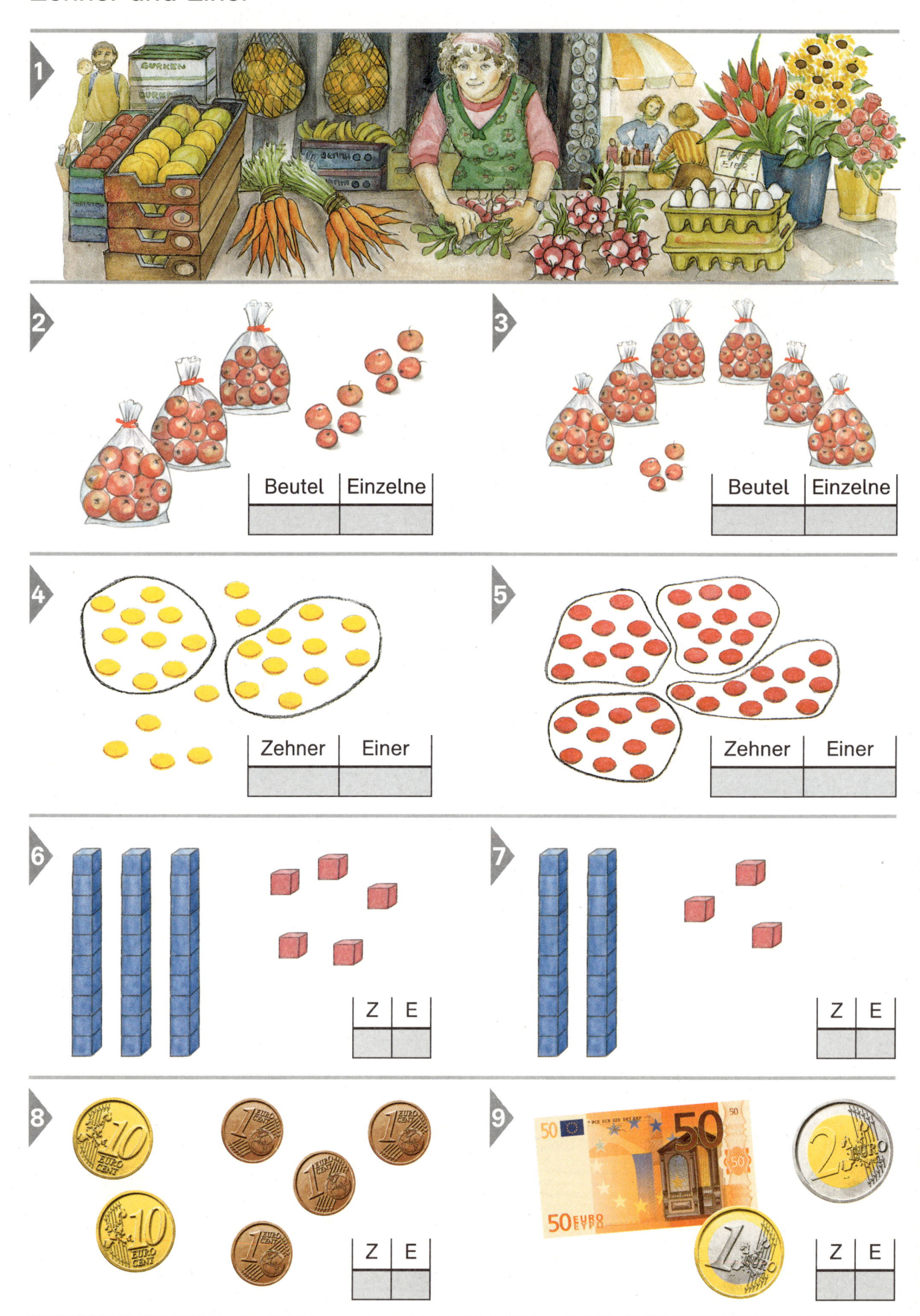

# Zehner und Einer

| Beutel | Einzelne |
|---|---|
|  |  |

| Beutel | Einzelne |
|---|---|
|  |  |

| Zehner | Einer |
|---|---|
|  |  |

| Zehner | Einer |
|---|---|
|  |  |

| Z | E |
|---|---|
|  |  |

| Z | E |
|---|---|
|  |  |

| Z | E |
|---|---|
|  |  |

| Z | E |
|---|---|
|  |  |

106 Mit Hilfe der Bündelung werden Mengen überschaubar dargestellt.
Die Ergebnisse werden in Tabellen notiert.

# Zehner und Einer

**1** Baue Türme. Zeichne in dein Heft.

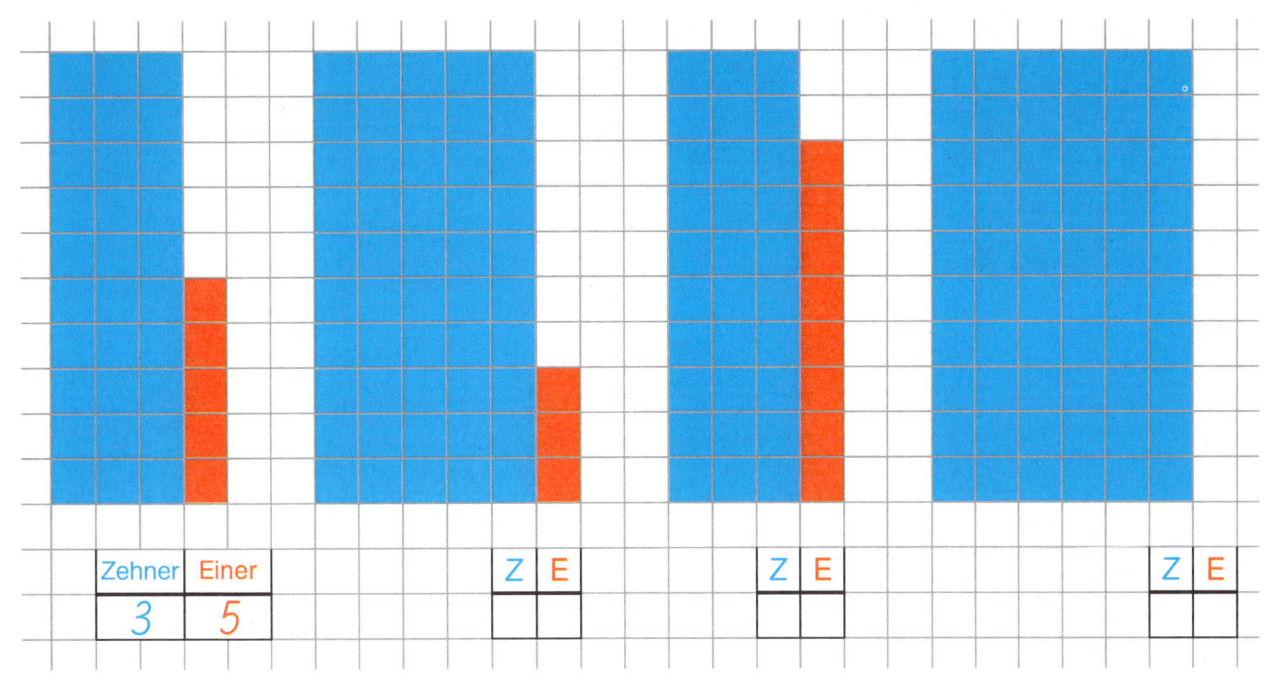

| Zehner | Einer |
|--------|-------|
| 3 | 5 |

| Z | E |
|---|---|
|   |   |

| Z | E |
|---|---|
|   |   |

| Z | E |
|---|---|
|   |   |

**2** Zeichne Türme in dein Heft.

a)
| Z | E | | Z | E | | Z | E | | Z | E |
|---|---|---|---|---|---|---|---|---|---|---|
| 2 | 4 | | 2 | 8 | | 2 | 6 | | 2 | 2 |

b)
| Z | E | | Z | E | | Z | E | | Z | E |
|---|---|---|---|---|---|---|---|---|---|---|
| 3 | 5 | | 3 | 9 | | 3 | 7 | | 3 | 3 |

c)
| Z | E | | Z | E | | Z | E | | Z | E |
|---|---|---|---|---|---|---|---|---|---|---|
| 5 | 1 | | 1 | 5 | | 3 | 4 | | 4 | 3 |

d)
| Z | E | | Z | E | | Z | E | | Z | E |
|---|---|---|---|---|---|---|---|---|---|---|
| 4 | 4 | | 5 | 5 | | 6 | 6 | | 9 | 9 |

**3** *fünfunddreißig*

| Z | E |
|---|---|
| 3 | 5 |

Lies und schreibe mit Ziffern:

vierundzwanzig     sechsundfünfzig
neunundvierzig     dreiundfünfzig
achtunddreißig     einundneunzig
fünfundsechzig     sechsundsiebzig

**4** Schreibe so: 41 = 4 Z + 1 E
                41 = 40 + 1

41, 82, 45, 37, 32, 99, 54, 23, 88, 17, 71

**5** Schreibe so: 2 Z + 6 E = 26
                20 + 6 = 26

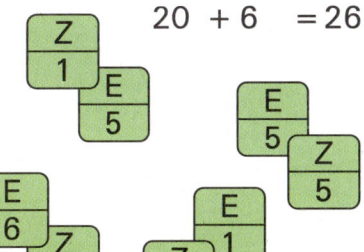

Z 2 / E 6; Z 1 / E 5; E 5 / Z 5; E 7 / Z 6; E 6 / Z 7; E 1 / Z 5

Zehner und Einer werden mit Hilfe von Türmen dargestellt.
Die Stellenschreib- und Sprechweise wird geübt.

# Zehner und Einer

**1** Wie heißt die Zahl?

a) b) c)
d) e) f)

35

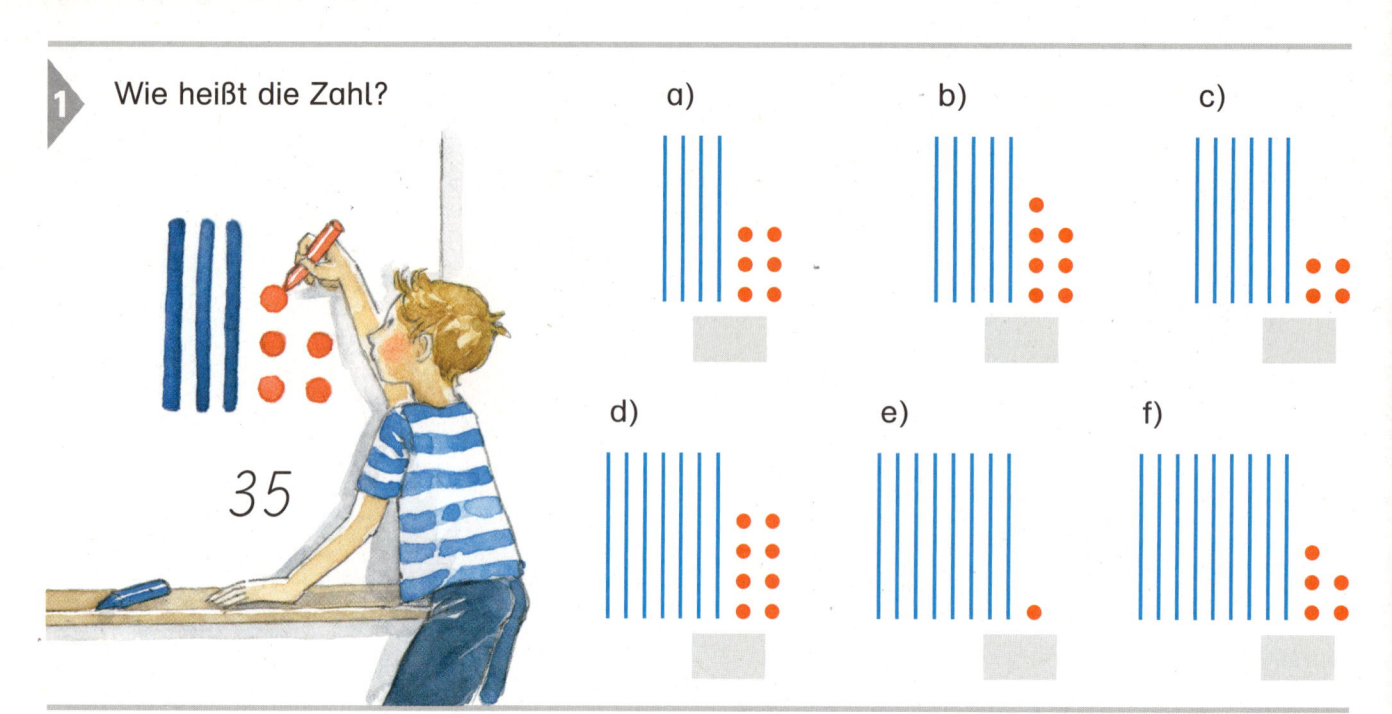

**2** Zeichne wie Tim.

a) 
| Z | E |
|---|---|
| 4 | 9 |

| Z | E |
|---|---|
| 5 | 5 |

| Z | E |
|---|---|
| 6 | 2 |

| Z | E |
|---|---|
| 7 | 0 |

b) 91, 93, 75, 66, 79, 84, 48

c) 42, 56, 63, 74, 90, 97, 9

**3**
a) 30 + 5 =
30 + 6 =
30 + 2 =
30 + 9 =

b) 70 + 3 =
70 + 1 =
70 + 6 =
70 + 0 =

c) 50 + 0 =
50 + 1 =
50 + 2 =
50 + 3 =

d) 20 + 2 =
40 + 4 =
80 + 8 =
90 + 9 =

e) 40 + 6 =
60 + 4 =
80 + 9 =
90 + 8 =

**4**
a) 40 + ☐ = 46
40 + ☐ = 42
40 + ☐ = 47
40 + ☐ = 45

b) 60 + ☐ = 68
90 + ☐ = 94
80 + ☐ = 80
70 + ☐ = 79

c) ☐ + 3 = 43
☐ + 5 = 65
☐ + 1 = 71
☐ + 4 = 94

d) 30 + ☐ = 37
☐ + 6 = 56
☐ + 0 = 40
70 + ☐ = 77

**5** Wie heißt die Zahl?

Ich habe 5 Zehnerstriche gemalt.

Ich male 3 Zehnerstriche dazu ...

... und ich 6 Punkte.

a) 50 + 30 + 6 =
50 + 20 + 4 =
50 + 40 + 7 =
50 + 10 + 3 =

b) 60 + 20 + 2 =
70 + 30 + 0 =
80 + 10 + 9 =
40 + 30 + 4 =

1 und 2  Das „Strich-Punkt-Modell" wird zur Darstellung von Zahlen verwendet.
Neue Zahlen werden aus der Summe von Zehner- und Einerzahl gebildet.

# Zahlen bis 100

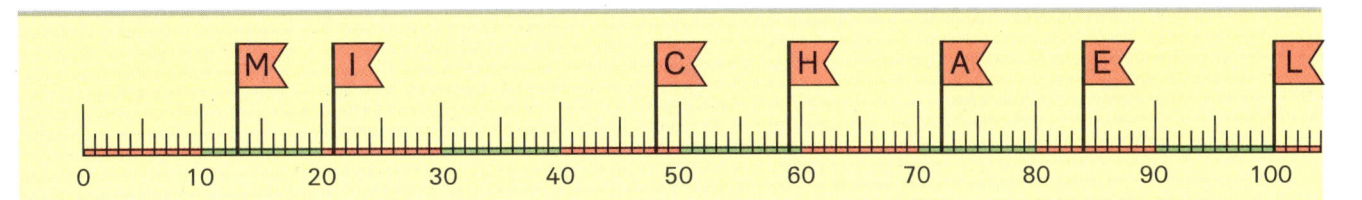

**1** Zähle vorwärts:
von 15 bis 27
von 36 bis 51
von 74 bis 92

**2** Zähle rückwärts:
von 28 bis 14
von 52 bis 39
von 97 bis 78

**3** Schreibe die Zahlen für MICHAEL auf.

**4**

| Vorgänger | | Nachfolger |
|---|---|---|
| 12 | 13 | 14 |
|  | 24 |  |
|  | 93 |  |
| 36 |  | 38 |
| 61 |  | 63 |

| V | | N |
|---|---|---|
|  | 79 |  |
| 22 |  |  |
|  | 97 |  |
|  |  | 90 |
| 69 |  |  |

| V | | N |
|---|---|---|
|  |  | 51 |
|  |  | 89 |
|  |  | 70 |
| 49 |  |  |
|  | 100 |  |

**5** Suche die Nachbarzehner.

| 34 |   | 67 |   | 20 |   | 99 |
| 75 |   | 80 |   | 38 |   | 59 |

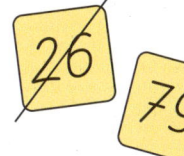

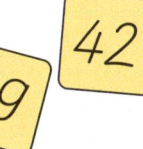

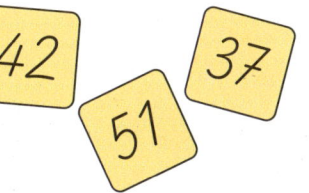

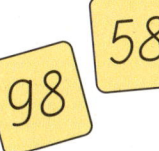

**6** Größer (>), kleiner (<) oder gleich (=)?

23 ☐ 27     36 ☐ 52     44 ☐ 45     45 ☐ 54
75 ☐ 71     51 ☐ 51     61 ☐ 60     73 ☐ 37
97 ☐ 99     82 ☐ 79     89 ☐ 89     82 ☐ 28

**7** Ordne die Zahlen.

26  79  42  51  37

**8** Ordne die Zahlen.

54  98  58  89  86

Am Zahlenstrahl wird gezählt, Nachbarn werden gesucht, Zahlen werden verglichen und geordnet.

# Wiederholung

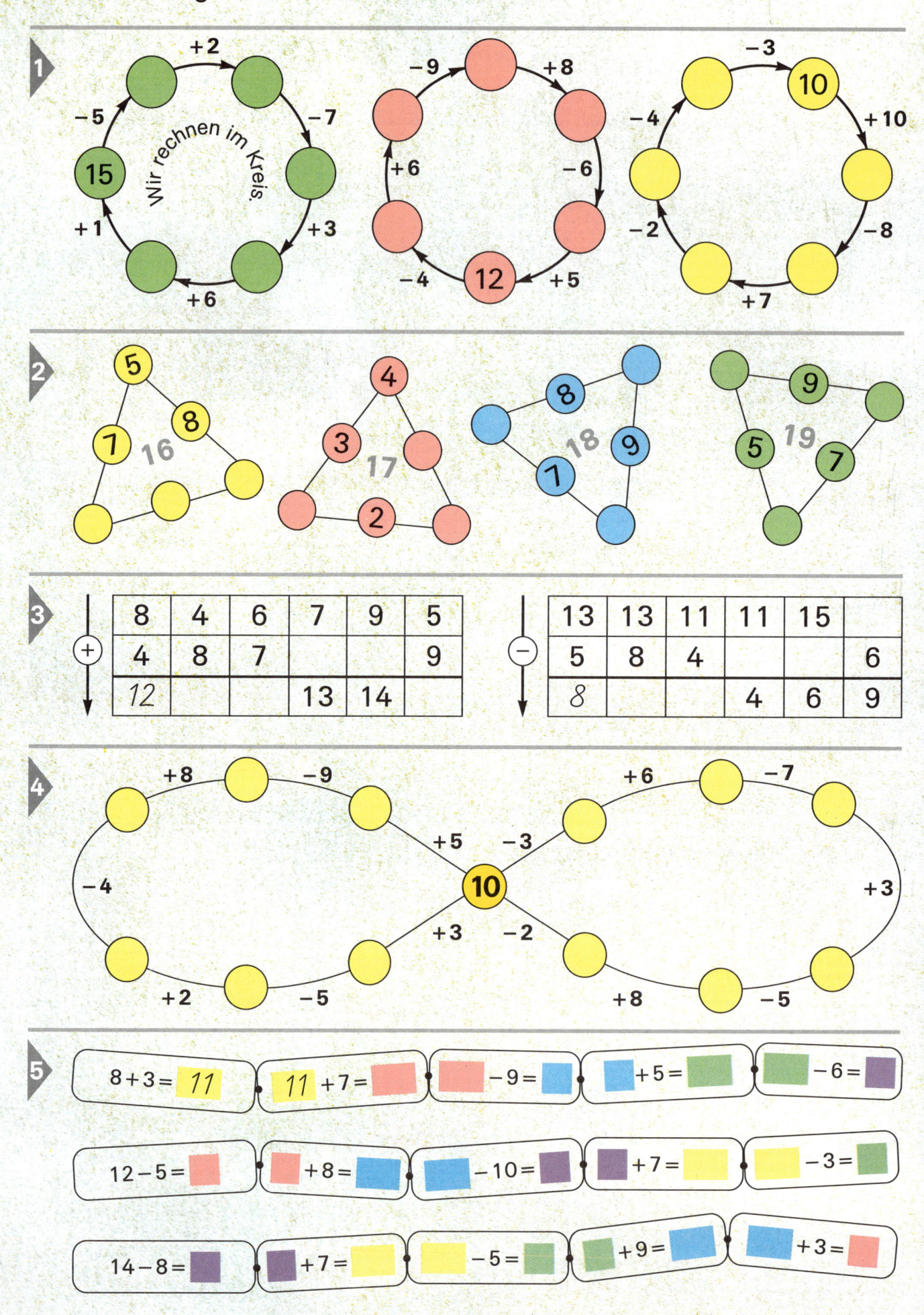

**1** Wir rechnen im Kreis.

**2**

**3**

| + | 8 | 4 | 6 | 7 | 9 | 5 |
|---|---|---|---|---|---|---|
|   | 4 | 8 | 7 |   |   | 9 |
|   | 12 |   |   | 13 | 14 |   |

| − | 13 | 13 | 11 | 11 | 15 |
|---|----|----|----|----|----|
|   | 5  | 8  | 4  |    | 6  |
|   | 8  |    |    | 4  | 6  | 9 |

**4**

**5**
- $8 + 3 = 11$ • $11 + 7 =$ ▮ • ▮ $- 9 =$ ▮ • ▮ $+ 5 =$ ▮ • ▮ $- 6 =$ ▮
- $12 - 5 =$ ▮ • ▮ $+ 8 =$ ▮ • ▮ $- 10 =$ ▮ • ▮ $+ 7 =$ ▮ • ▮ $- 3 =$ ▮
- $14 - 8 =$ ▮ • ▮ $+ 7 =$ ▮ • ▮ $- 5 =$ ▮ • ▮ $+ 9 =$ ▮ • ▮ $+ 3 =$ ▮

Die bisher bekannten Rechenverfahren werden in verschiedenen Varianten geübt.
**4** Es ist unerheblich, in welche Richtung von der 10 aus begonnen wird.

# Knacknüsse

★ + ★ = 16
☀ + ★ = 14

🥕 − 🥕 = 🥬
🥕 + 🥕 = 20

20 − 🍐 − 🍏 = 13
🍏 = 6

🍒 + 0 = 15
🍒 − 8 = ⬤

18 − 🔔 = 🔔
🔔 + 🍃 = 15

9 + 🌰 = 17
🌰 + 5 =

7 + 8 = ♥
♥ − 6 = ●

4 + ⭕ = ◯
◯ + ⭕ = 16

Zahlenmauern:

|   |   | 11 |   |
|---|---|---|---|
| 5 | 4 |   |   |
|   |   |   | 1 |

|   |   | 7 |   |
|---|---|---|---|
| 1 | 2 | 3 | 4 |

|   |   |   | 19 |
|---|---|---|---|
|   |   | 10 |   |
|   | 6 |   |   |
| 5 |   |   |   |

4  6  7  10

5  8  16  19     9  11  12  15

5 + 7 = 12     19 − 7 = 12
☐ + ☐ = ☐     ☐ − ☐ = ☐

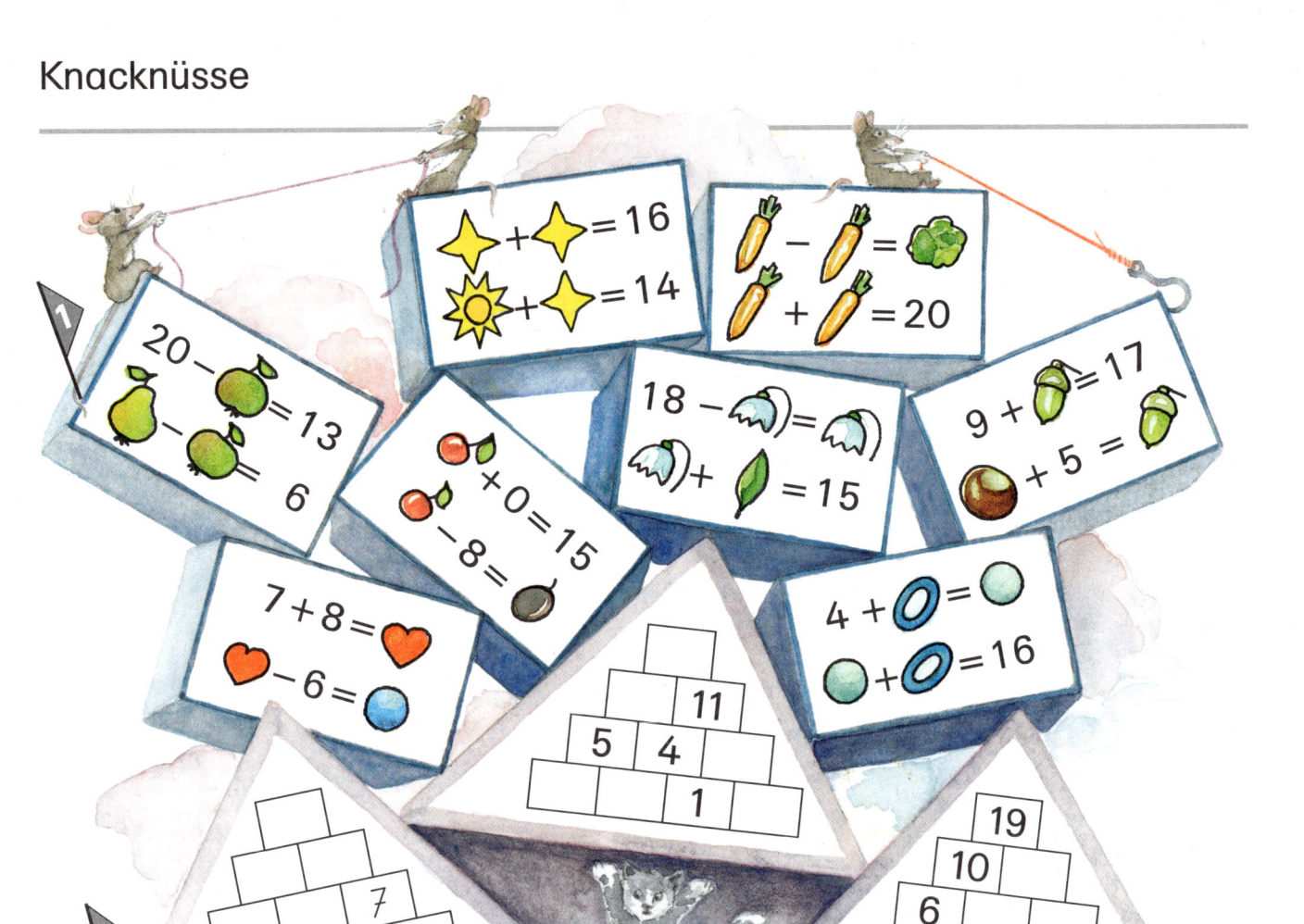

Zauberquadrate:

| 3 | 8 |   |
|---|---|---|
|   | 12 |   |
|   | 0 |   |

| 4 |   |   |
|---|---|---|
|   | 15 | 7 |
|   | 8 |   |

|   | 3 |   |
|---|---|---|
|   | 18 |   |
| 9 |   | 7 |

| 6 |   |   |
|---|---|---|
|   | 21 | 9 |
|   |   | 8 |

HOKUS POKUS

1  5  7  9

3  13  17  19     4  8  12  18

3 + 5 = ☐     17 − 9 = ☐
☐ + ☐ = ☐     ☐ − ☐ = ☐

**1** Gleiches Zeichen bedeutet gleiche Zahl.
**2** Zahlenmauern  **3** und **5** Die Kinder versuchen möglichst viele Aufgaben zu finden.  **4** Zauberquadrate

112 Die Kinder denken sich Spielregeln aus. Die Felder mit den Gegenständen können z. B. „Ereignisfelder" sein.